Jinyan Mao

# Immer noch im Sommer

united p.c.

Dieses Buch wurde digital nach dem neuen „book on demand" Verfahren gedruckt.

Gedruckt in der Europäischen Union auf umweltfreundlichem, chlor- und säurefrei gebleichtem Papier.

Für den Inhalt und die Korrektur zeichnet der Autor verantwortlich.

© 2015 united p.c. Verlag

ISBN 978-3-7103-2306-5
Umschlaggestaltung, Layout & Satz:
united p.c. Verlag

**www.united-pc.eu**

*Für
Wenhong Wang
Daju Zu
Qi Han
Wie Xing
und J.*

*„Liebe ist für mich kein Besitz. Sondern zu sehen,
dass sie glücklich ist, auch wenn es nicht meinetwegen ist."*

# 1

Kevin verließ sie schon vor einem Monat. Nachdem er weg war, hat Christina sich in ihrem Zimmer in Dachgeschoss eingesperrt. Wenn es nicht unbedingt nötig ist, geht sie nicht nach unten.

Nach dem Ende der fünfjährigen Beziehung hat sie anfangs noch geweint, jetzt fühlt sie sich völlig im ungewissen über die Zukunft.

Jeden Tag liegt sie im Bett. Sie starrt die Decke an, wenn sie wach ist. Es gibt keine schwarzen Flecken oder Risse darauf, die sie fokussieren kann. Wenn sie schläft, hat sie immer Albträume. Sie hat keine Sekunde zum durchatmen. Sie weiß wirklich nicht, was besser ist, wach sein oder schlafen.

Seit einer Woche scheint bereits die Sonne durch die dicken Vorhänge herein und lässt sie bemerken, dass der Frühling schon kommt.

Ihr Handy klingelt und dieses Mal entscheidet sie sich zu antworten. Es ist Kati.

„Endlich reagierst du auf meinem Anruf. Da macht man sich ja echt Sorgen um dich!"

„Es tut mir leid. Ich möchte nur alleine sein, um alles klar zu überdenken."

„Und nun? Alles klar?"

„Ja, ich möchte nach Hause gehen."

„Bist du sicher?"

„Ja, ich bin nur wegen Kevin hiergeblieben, aber jetzt... gibt es keinen Grund mehr, warum ich noch hier bleiben sollte."

„Es ist gut neu zu starten, ich werde auch zurückkommen, nachdem ich mit meinem Studium fertig bin, dann sind wir wieder zusammen."

„Ja."

„Wann gehst du?"

„Je früher, desto besser."

„Dann machen wir eine Abschiedsparty, bevor du gehst."

„Nein."

„Doch, ich mache das für dich, nur einige Bekannte, von denen man sich verabschieden muss."

„OK."

Christina packt den Koffer und bringt ihn an die Tür. Sie dreht sich um und guckt in den leeren Raum, genau wie ihr Herz, leer.

Unten klingelt jemand, es ist Kati. Christina geht nach unten, sieht sie in ein blaues Auto sitzen und winkt ihr zu. Der Fahrer ist ein Junge. Christina steigt ein und Kati macht die zwei bekannt:

„Das ist Christina. Das ist Leo."

Ausgehend von den Gesichtszügen ist Leo ein sehr hübscher Junge, aber durch seine skrupellosen Augen und sein spöttisches Lächeln fühlt sie sich unwohl. Er verhält sich, als ob er die ganze Welt gesehen hätte. Aber er ist so jung, wie viel kann er schon über das Leben wissen?

Kati erklärt Christina: „Wir fahren jetzt zu Leo nach Hause. Er ist gerade hierher umgezogen."

Christina guckt den Jungen an und nickt. Dann guckt sie durch das Autofenster nach draußen und möchte kein Wort mehr sagen.

# 2

Es ist eine gute Party, viele Leute sind da. Christina spricht mit einigen Bekannten, dann holt sie sich eine Flasche Bier, setzt sich in die Ecke. Leo steht in der Mitte des Wohnzimmers. Er ist sehr beliebt bei den jungen Mädchen und bekommt eine Menge Geschenke. Er benimmt sich wie ein Gentleman und versucht die Wünsche aller Mädchen zu erfüllen. Sind Männer und Frauen wirklich so unterschiedlich? Frauen möchten heiraten, aber Männer möchten weiter spielen. Kevin ist geflohen, nachdem sie heiraten nur angedeutet hat. Aber er war sonst so gut zu ihr, dass dieses Ergebnis sie sehr überrascht hat. Jetzt endlich begreift sie, Kevin hat sie geliebt, aber nicht genug. Wie viel man seinem Partner in einer Beziehung gibt, entscheidet, wie tief man sich in das Herz seines Partners brandmarkt. Sie denkt an Kevin und ihr Herz tut wieder weh. Um alles zu vergessen, versucht Christina, sich zu betrinken. Sie weiß nicht genau, wie viel sie getrunken hat. Nachdem sie sich in der Toilette übergeben hat, findet sie sich in einen Raum wieder, klettert auf ein Bett und schließt die Augen.

Um Mitternacht wacht Christina auf, sie ist sehr durstig. Draußen ist es sehr ruhig, sie bemüht sich aufzustehen und geht nach draußen. Niemand ist im Wohnzimmer, sogar Leo ist verschwunden. Nur Chaos wurde überall hinterlassen.

Die Tür öffnet sich, Christina dreht sich um, Leo kommt herein und sieht sie: „Ah, du bist noch hier."

„Wie viel Uhr ist es?"

Leo sieht die Uhr an der Wand: „2:30 Uhr, jetzt kommt kein Bus mehr, ich kann dich nach Hause fahren, aber ich habe zu viel getrunken, besser du übernachtest hier. Ich kann auf dem Sofa schlafen."

Christina nickt.

„Ich möchte etwas trinken."

„Ich habe auch gerade Hunger, komm' mit." Er geht in die Küche und öffnet den Kühlschrank.

Er holt eine Flasche Mineralwasser für Christina und macht schnell zwei Sandwiches.

„Probier mal."

„Danke!" Sie nimmt einen Bissen: „Es ist sehr lecker."

„Danke!" Er ist stolz: „Ich kann noch leckerer kochen."

„Dann hat deine Freundin Glück, dich zu haben."

„Ich habe keine Freundin."

„Warum?"

„Zu faul zum Suchen."

Christina nickt, obwohl man das nicht durch Suchen verwirklichen kann, aber es ist wahr, wenn er möchte, kann er bestimmt leicht eine finden.

„Hast du einen Freund?"

„Ich weiß es nicht."

„Warum?"

„Wir sind getrennt, nein, um es genau zu sagen, er hat mich verlassen. Aber ich hoffe immer noch, dass er eines Tages herausfindet, dass er nicht ohne mich weiterleben kann und dann zu mir zurückkommt."

„Warum hat er dich verlassen?"

„Das geht dich nichts an."

„Oh, Ich denke, du hast ihm Heiratsdruck gemacht, davor hat er Angst und läuft weg. Kein Wunder."

Christina würgt plötzlich. Sie reißt die Augen auf, trinkt einen Schluck Wasser und schluckt das Essen runter. Dann sagt sie ägerlich: „Darüber weißt du gar nichts. Sag mal, hast du überhaupt schon einmal eine Freundin gehabt?"
„Sechs!"
„Ah?!"
„Ist es zu wenig oder zu viel?"
Christina würgt wieder.
„Ist das viel? Ich habe nur die, mit denen ich geschlafen habe, mitgezählt."
Christina hustet.
„Und du?"
„Was?"
„Wie viel?"
„Was? Ah! Ich habe zum Glück meinen einen Freund." Ein Mal reicht. Den Schmerz möchte sie kein zweites Mal erleben.

„Echt?" Seine Augen funkeln und er kommt ihr näher: „Du bist so hübsch und er hat Glück."

Er kommt immer näher. Sie tritt unbewusst einen Schritt zurück. Sie beißt einen Bissen ab und guckt ihn mit großen Augen an. Ein charmantes Lächeln taucht auf seinem Gesicht auf. Sie bemüht sich, das Brot runter zu schlucken. Er gibt ihr die Wasserflasche. Sie spült das Brot runter mit einem Schluck Wasser, aber sie fängt an zu husten.

Er klopft auf ihren Rücken. Sie tritt noch einen Schritt zurück, bedankt sich, aber hustet weiter.

Er lächelt, seine Hand berührt ihren Rücken sanft: „Schon gut, komm mal her." Er zieht sie in seinen Arm.

Christina guckt ihn mit großen Augen an. Als er versucht, sie auf die Lippen zu küssen, schiebt Christina ihn weg.

Er lacht: „Magst du nicht?"

Sein Gesicht sieht so unschuldig aus, wie das eines Kindes.

„Es tut mir leid. Ich glaube, ich muss dich enttäuschen."

Er lächelt und schüttelt den Kopf.

## 3

„Warum liebst du ihn? Woran liegt es, dass er besonders ist?" Fragt Leo und tritt einen Schritt zurück.

„Er ist ein wichtiger Teil meines Lebens. Es gibt nichts, was wir nicht teilen können."

„Viele Paare, die mehrere Jahre zusammen leben, sind auch so."

„Wir sind Gleichgesinnte. Wir haben einen gemeinsamen Traum und teilen jeden Moment, das hat unserem Leben jeden Tag Energie gegeben und wegen des jeweils anderen hat unser Leben eine Bedeutung bekommen."

„Wie Hillary und Bill? Der ehemalige US-Präsident Cliton sagte, dass der größte Vorteil der Ehe ist, dass wir mit unserer besten Freundin gemeinsam alt werden."

„Vielleicht."

„Aber das ist keine Liebe."

„Woher weiß du, dass es keine Liebe ist?! Es ist mehr als nur Liebe!"

„Wer weiß." Er zuckt die Achseln: „Der Traum ist nur eine Ausrede, mit der man sich beschäftigen kann. Der hat gar nichts mit Liebe zu tun."

„Ich brauche dich nicht, um mir zu sagen, was Liebe ist, was Traum ist. Ich denke, dass du nicht verstehst, was ein Seelenverwandter ist."

„Aber dein Seelenverwandter ist nicht unbedingt deine Geliebte."

Christina bricht plötzlich aus: „Ich verliere meinen Geliebten. Wegen der Liebe, habe ich solche Schmerzen, fast als würde ich sterben. Du sagst, ich weiß nicht, was

Liebe ist. Ich verstehe nicht, warum ich mit dir darüber spreche, mit einer Person wie dir, die gar nichts versteht."

Ihre Tränen fallen herunter, als ob er ihr sehr Unrecht getan hat.

Er rutscht rüber und nimmt sie in die Arme: „Schon gut, schon gut. Ich liege falsch, ich liege falsch. Ich verstehe gar nichts, ich verstehe gar nichts."

„Du verstehst gar nichts, was du sagst, macht meine Vergangenheit wertlos, völlig ohne Wert."

„Wie wertlos? Nein, nein. Du hast geliebt, du hast so viel gegeben, für deine Liebe, für eueren Traum, so viel wie du geliebt hast, so viel hat es sich gelohnt. Schon gut, schon gut. Du solltest jetzt ein wenig schlafen."

Christina legt sich mit dem Rücken gegen ihn und rollt sich wie ein Baby zusammen. Während der Morgendämmerung steht Christina sehr leise auf und guckt in sein tiefschlafendes Gesicht. Sie küsst ihn auf die Stirn. Er ist ein guter Junge, aber sie werden sich nie wieder sehen.

Christina nimmt den ersten Bus nach Hause, dann nimmt sie ihre Koffer und verlässt das Haus in dem sie und Kevin fünf Jahre zusammen gelebt haben.

# 4

Nach einem zehn Stunden langen Flug und einer langen Wartezeit erhält Christina schließlich ihr Gepäck. Sie wirft alle Koffer und die Reisetasche auf den Rollwagen. Nach zwei Schritten macht es plötzlich „Pong!" und mit einem Paukenschlag fällt sie zu Boden, zusammen mit ihrer Reisetasche. Weil sie den Gurt von der Tasche nicht gesehen hat, so dass sie und die Tasche eingewickelt nach unten fallen. Sie springt auf wie ein Blitz, klopft den nicht existierenden Staub weg, bringt die schon ordentliche Kleidung in Ordnung und sagt zu sich: „Nichts passiert! Nichts passiert!"

Dann hebt sie ihre Tasche, wirft sie wieder auf dem Wagen und stürzt nach draußen.

Laura wartet schon eine Weile. Sie steht hinter allen anderen Leuten. Sie guckt auf ihr Handy, runzelt die Stirn und schaut immer wieder zum Ausgang.

„Hey, was denkst du?" Christina springt vor Laura rum: „Es tut mir leid, wartest du schon lange?"

Laura guckt sie an und lächelt.

Sie umarmen sich.

„Du hast dich sehr verändert."

„Ja, älter und hässlicher."

„Nein, immer noch schön, aber viel dünner und bleicher."

Christina streichelt ihr Haar: „Verblühte Blumen, verwelktes Laub." Dann seufzt sie tief.

Laura nimmt ihre Tasche: „Komm, zuerst mit zu mir nach Hause, dann sehen wir weiter."

Laura erklärt während sie die Tür öffnet: „Meine Wohnung ist sehr klein und einfach."

Sie gehen hinein, stellen Christinas Gepäck an der Tür ab. Christina schaut sich in der Wohnung um. Die Wohnung ist nur sehr schlicht mit Holzboden dekoriert. Im Wohnzimmer gibt es einen Fernseher, einen Tisch und zwei Stühle. Im Schlafzimmer gibt es nur ein Bett und einen Computer.

Laura reicht ihr ein Glas Wasser: „Ich kaufe gleich ein Schlafsofa, du kannst hier bei mir wohnen, damit ich eine Mitbewohnerin habe."

Christina trinkt einen Schluck Wasser, ihre Augen sind rot geworden: „Danke, sobald ich einen Job finde, bezahle ich die Miete."

Laura klopft ihr auf die Schulter: „Du kannst zuerst im Internet mal gucken, ob es Angebote gibt."

Sie schaltet den Computer ein: „Lass mich mal nach meinen Aktien gucken."

„Kaufst du Aktien?"

„Ja, ich möchte mehr und schneller Geld verdienen, damit ich früher um die Welt reisen kann."

„Allein?"

„Bis jetzt sieht es so aus, oder kommst du mit?"

„Nein, ich bin gerade erst aus einer anderen Welt zurück. Ich brauche Erholung."

„Verdammt! Meine Aktien sind zu Boden gestürzt. Wie kann das passieren? Bevor ich losgegangen bin, um dich abzuholen, sind sie noch gestiegen."

„Jetzt bringe ich nur Unglück."

„Red keinen Blödsinn."

„Es ist wahr. Ich bin hingefallen im Flughafen. Jetzt sind es deine Aktien. Ich bringe nur noch Unglück. Es ist besser, Abstand zu mir zu halten."

„Bitte benimm dich nicht, wie ein Gott. Das ist alles Zufall."

„Gott existiert in jedem Zufall."

Laura schüttelt hilflos den Kopf: „Denk nicht so viel, ruh dich ein bisschen aus. Ich muss noch mal ins Büro, um etwas zu erledigen."

„Dann sei vorsichtig!"

„Keine Sorgen!"

Christina begleitet sie zur Tür und ruft ihr hinterher: „Komm früh zurück, ich koche Abendessen für uns."

Für einen Moment fühlt sie sich wieder in die Vergangenheit zurückversetzt. Jedes Mal bevor er ausging, hat sie diesen Satz gesagt. Aber jetzt hat sich alles geändert, sie schließt schwermütig die Tür.

# 5

Es nieselt draußen. Licht wird im Haus angemacht. Es enthüllt eine warme Atmosphäre.

Nach dem Duschen setzt Laura sich in ihrem Pyjama gegenüber von Christina. Mit Blick auf das Essen auf dem Tisch, beugt sie ihren Kopf und nimmt einen tiefen Atemzug:

„Das riecht so gut! Danke, dann fange ich jetzt an."

„Guten Appetit! Warum hast du keinen Schirm mitgenommen? Du bist so nass geworden."

„Ich habe einen gehabt. Aber heute bin ich zu dir gegangen, um dich abzuholen. Ich habe ihn im Flughafen verloren."

Christina seufzt.

„Das hat gar nichts mit dir zu tun. Vielleicht sollte ich ein Auto kaufen, das überlege ich schon seit langer Zeit."

Christina guckt nach draußen, beobachtet die Lichter der andern Häuser hinter dem Nieselregen: „Ich hoffe, dass ich schnell einen Job finden kann."

„Ich habe eine gute Nachricht. Katis Bruder Ralf hat mich am Nachmittag angerufen. Er sagte, du sollst einmal zu seiner Firma gehen."

„Woher weiß er, dass ich zurück bin?"

„Wahrscheinlich von Kati. Seine Firma ist immer größer geworden. Morgen gehst du mal hin und guckst dir das an."

Christina nickt.

„Willst du nicht zu Hause anrufen."

„Nein, erst nachdem ich mich eingelebt habe."

## 6

Christina nimmt die Pantoffeln, die ihr Herr Schröder überreicht und zieht sie an. Sie senkt ihren Kopf mit erröteten Gesicht und bedankt sich. Herr Schröder lächelt ihr zu und lehnt sich in seinem Sessel zurück. Christina stellt ihre kaputten Highheels daneben und beginnt den Mann, der ihr gegenüber sitzt, zu beobachten.

Herr Schröder ist 10 Jahre älter als Kati, aber er sieht Kati überhaupt nicht ähnlich, ist sogar das Gegenteil von Kati. Er ist wie ein aufgeblasener Ballon, sein ganzer Körper ist voll von überschüssigem Fleisch, außerdem sind die meisten seiner Haare ausgefallen. Er sieht ein bisschen wie Katis Vater aus, statt wie ihr Bruder. Das Sonnenlicht strahlt durch das Fenster herein und fällt gerade auf die Oberseite von Herrn Schröders Kopf. Da gibt es zwei Haare, die sich hartnäckig halten, wie ein Ausstellungsobjekt auf einem großen öffentlichen Platz.

Herr Schröder mustert Christina, die im Schatten sitzt. Schlank, blass, nicht so schön, wie seine Schwester gesagt hat, sie ist keine Schönheit auf den ersten Blick. Aber sie hat eine Ausstrahlung, wie ein guter Wein, je länger er atmet, desto besser. Der Wein erinnert ihn an das Geschäftsessen heute Abend. Er muss wieder Wein trinken, obwohl der Arzt sagt, dass er keinen Wein trinken soll. Die Menschen haben immer keine wirkliche Freiheit, wollen sie was nicht tun, dann tun sie es nicht.

Herr Schröder streichelt seine zwei Harre: „Christina, darf ich Sie Christina nennen?"

Christina nickt.

„Du kannst mich Ralf nennen. Wir können uns duzen."

Christina nickt wieder. Obwohl er wie ein Spießbürger aussieht, weil er zu fleischig ist, aber seine freundlichen Augen und seine langsame, tiefe Stimme lassen ihn sympathisch erscheinen.

„Vielen Dank, dass du dich immer um Kati gekümmert hast."

„Wir kümmern uns um einander."

Ralf nickt: „Kati hat mir deine Situation schon erzählt."

Christina hebt eine Augenbraue hoch. Sie weiß nicht, wie viel Kati ihm erzählt hat, etwa inklusive ihres Liebeskummers? Sie hat keine Angst, dass andere Leute das wissen, aber sie möchte nicht sehen, dass andere Leute sie mit mitleidigen Augen ansehen.

Glücklicherweise hat Ralf diesen Aspekt nicht verraten.

Er begutachtet ihre Designs: „Würdig der Universität Illinois, weniger ist mehr, dein Design weist das Beste seines Wesens auf."

Sie lacht verlegen. Mies van der Rohe ist Kevins Idol. Sie verfolgen seinen Namen, dort zu studieren ist Kevins Traum. Daran zu denken, macht sie schwermütig.

„Du hast schon gesehen" Ralf zeigt nach draußen: „Unsere Firma ist nicht groß, aber sehr beschäftigt. Wir brauchen gute Architekten wie dich, aber, wenn du hier arbeitest, dann hast du gar keine Chance, eine angesehene Architektin werden zu können."

„Ich habe nie erwartet, dass ich eines Tages ein Meister wie Mies van der Rohe werde. Design braucht eine Idee von der Realität. Bei einem Entwurf für andere Leute, muss man sich deren ästhetischen, finanziellen und kommerziellen Meinungen anpassen, und muss zweckmäßig und komfortabel denken und ist auch durch technische und rechtliche Aspekte begrenzt. Ich möchte nur an die Arbeit, Schritt für Schritt meine Idee in die Realität umsetzen, um die Kundenanforderungen zu erfüllen."

„Du hast Recht. Unsere Branche ist auch eine Service-Industrie und die Konkurrenz ist sehr stark. Diese Aspekte müssen berücksichtigt werden. Wir müssen unsere beste Seite zeigen, um die Aufmerksamkeit der Gäste zu gewinnen, damit wir eine Chance bekommen, den Auftrag zu kriegen. An diesem Punkt, gibt es keinen Unterschied zwischen uns und der Dienstleistungsindustrie im Rotlichtviertel."

Beide lachen.

„Wir haben fast keine großen Aufträge."

Christina schüttelt den Kopf: „Das macht nichts. Es fehlt mir jetzt die praktische Berufserfahrung. Jeder Auftrag, egal klein oder groß, hilft mir."

Ralf nickt: „Nun, zum Gehalt…"

„Als Neueinsteiger."

„Das ist gut. Wir können uns die drei Monate Probezeit sparen."

Christina schüttelt den Kopf: „Bitte nicht. Behandel mich wie jede andere normale neue Mitarbeiterin. Sonst kann ich nicht für dich arbeiten."

Ralf ist ein bisschen überrascht, streichelt mit seiner rechten Hand seine zwei Haare, und nickt.

# 7

Am Abend öffnet Laura die Tür und kommt herein. Christina fängt an, Geschirr aus der Küche zu holen.

Während Laura ihre Schuhe wechselt, beschwert sie sich:

„Heute hatte ich echt Pech!"

„Was ist passiert?"

„Heute bin ich so früh aufgestanden und bin auch früher als üblich aus dem Haus gegangen. Vielleicht habe ich schon geahnt, was passieren wird."

„Und dann?"

„Dann nach zwei Stationen stoppt die U-Bahn wegen eines Unfalls. Wir mussten aussteigen und dann mit dem Bus weiterfahren. Der Bus fährt zwei Stationen, dann wird uns Bescheid gesagt, dass der Bus kaputt ist. Wir müssen zu Fuß zu einer S-Bahn Station, mit der S-Bahn können wir wieder zurück zur U-Bahn Station, wo wir ausgestiegen sind. Die U-Bahn ist wieder in Ordnung."

Laura setzt sich gegenüber von Christina.

„Und dann?" Christina guckt sie entschuldigend an.

„Dann bin ich verspätet zur Arbeit gekommen und habe einen wichtigen Termin verpasst. Pech! Pech! Pech!" Laura ballt die Faust und streckt sie Richtung Himmel.

„Es tut mir leid!"

„Das hat nichts mit dir zu tun. Wie lief deine Besprechung mit Katis Bruder?"

„Morgen fange ich an zu arbeiten."

„Super! Endlich passiert eine gute Sache."

„Aber, es tut mir Leid."

„Was?"

„Deine Highheels sind mir kaputt gegangen."

Laura ist erleichtert: „Macht nichts! Die trage ich sowieso sehr selten. Wie ist Katis Bruder? Sieht er ihr ähnlich?"

„Nein, er sieht nicht so gut aus wie Kati. Aber er ist etwas Besonderes."

„Wie besonderes?"

„Er ist sehr freundlich, immer lächelnd, als ob er alles akzeptiert, sowohl Glück, als auch Unglück. Sehr leicht, sehr fest, sehr mächtig."

„Wie Popeye?"

„Mächtiger als jeder. Hier!" Christina zeigt mit einem Finger auf ihr Herz: „Wie ein ruhiges Meer."

„Du bist aber nicht in ihn verliebt, oder?"

Christina schüttelt den Kopf und blickt sie von oben bis unten an.

„Em, ihr beide passt sehr gut zusammen."

Laura hört das und ihr Gesicht wird rot: „Du kannst ihn gerne selbst behalten. Das hat gar nichts mit mir zu tun."

„Ich? Vergiss es. Ich bin Frau Pech. Ich möchte niemandem schaden."

„Das ist kein Problem. Vielleicht ist jemand bereit sich von dir schädigen zu lassen."

Christina steht auf: „Ich bin satt. Lass dir Zeit."

„Geh nicht weg! Echt, du musst die Person so schnell wie möglich finden, damit ich von diesem Elend erlöst werde."

„Ich denke, dass ich lieber dir schade. Ich würde nicht andere betrachten."

„Dann muss ich Buddha anbeten, dass ich eine Lösung finde, wie ich diese Situation beenden kann. Dieses Wochenende kommst du mit mir zusammen hin?"

„Seit wann glaubst du an Buddha?"

„Seit ich aus dem Osten zurück kam. Man lebt, also muss man an etwas glauben."

„Warum änderst du deinen Glauben ständig?" Christina schüttelt den Kopf und seufzt.

Laura seufzt auch: „Die Welt ist voll von Seufzern, ich suche den Sinn des Lebens."

„Wann hast du damit angefangen, den Sinn zu suchen?" Christina seufzt, schüttelt ihren Kopf mit einem scherzhaften Ton.

„Als ich neun Jahre alt war."

Die beiden lachen zusammen.

# 8

Christina hat schon seit drei Monaten gearbeitet. Sie mag die neue Arbeitsumgebung. Die Firma ist klein, die Kollegen sind nett. Aber noch wichtiger ist, der Chef hat ihr eine Chance gegeben und lässt sie an einem großen Projekt teilnehmen. Sie schätzt diese Gelegenheit und gibt ihr Bestes.

Es ist tiefe Nacht, aber das Architekturbüro ist hell erleuchtet. Morgen müssen die Zeichnungen abgegeben werden. Alle Leute hier kämpfen vor dem Computer. Im Büro ist neben den Geräuschen von Eingabe auf der Tastatur das Ausdrucken von Zeichnungen zu hören. Christina trinkt einen Kaffee nach dem anderen. Sie hat kaum geschlafen seit einer Woche. Ihre Kaffeetasse ist leer. Sie steht auf, geht in die Küche und dreht ihren Kopf, um die strapazierten Nerven zu entspannen. Dann schaut sie sich im ganzen Büro um. Jeder ist beschäftigt, zeichnen, ausdrucken, diskutieren, Modelle bilden... Zeichnungen und Dokumente fliegen überall um. Wenn ein Wort ausgewählt werden muss, um das hier zu beschreiben, dann gibt es kein besseres als „Schlachtfeld".

„Trink bitte keinen Kaffee mehr, sonst wird wegen der Korrosion ein Loch in deinem Magen auftauchen." Ronald geht hastig an ihr vorbei.

„Keine Sorge, ich habe einen Stahlmagen."

„Ein Stahlmagen ist cool, aber bitte kein Stahlherz." Er verschwindet in dem fliegenden Papier.

Stahlherz, Kati hat das einmal zu ihr gesagt. Damals hat Kevin den ganzen Tag gearbeitet und nach der Arbeit hat sie ihn gezwungen, sie zu begleiten, um shoppen zu gehen.

Sie denkt daran und seufzt.

„Warum seufzest du?" Ralf geht vorbei.

Sie lächelt.

„Zu müde? Ok, Morgen kannst du einen Tag frei machen."

„Danke!" Sagt Christina erleichtert.

Sie sieht seinen dicken Rücken an und lächelt. Alle männlichen Mitarbeiter sind so dick wie er, sieht so aus, als hat er sich selbst als Vorbild genommen, um alle Mitarbeiter zu finden; alle weiblichen Mitarbeiterinnen sind so dünn wie seine Ex-Frau, das ist die normale Art und Weise, wenn man ständig Überstunden macht und über Nacht arbeitet, dann muss es so sein. Es scheint, als gäbe es zwischen Männern und Frauen einen großen Unterschied. Je mehr zu tun ist, je müder man ist, desto dicker werden die Männer. Je mehr zu tun ist, je müder man ist, desto dünner werden die Frauen.

Nach einem tiefen Schlaf steht Christina auf und öffnet die Vorhänge. Die Sonne geht langsam unter. Sie geht auf den Balkon, beugt sich über das Balkongeländer und atmet gierig das Aroma ein, dass das Gras von Unten ausstrahlt.

„Wieder am Leben?" Laura steht an der Tür. Es scheint, als ob sie gerade von der Arbeit zurückgekommen ist.

„Lass uns Abendessen gehen. Ich lade uns ein!" Christina geht zu ihr.

„Gute Laune! Es scheint, du hast dich erholt."

„Lass uns feiern."

„Warum?"

„Weil ich eine unerreichte, brillante Jugend, voller unendlicher Zukunft habe."

„Gibt es sowas?"

Laura lacht und zieht ihre Schuhe wieder an. Sie freut sich, dass ihre gute Freundin wieder lebendig aussieht.

„Ich wundere mich immer noch, wie kannst du so wenig schlafen. Wegen deiner unglaublichen Jugend?"

„Du bist keine Architektin, sodass du nicht weißt, dass die Leute wirklich drei Tage und Nächte ohne Schlafen aushalten können."

Christina schließt die Tür und die beide gehen aus.

# 9

Der Klang des Klaviers ist sanft. Das Licht ist schummrig. Laura sieht den Rotwein in den Händen des Kellners an. Als ob sie schon betrunken ist, obwohl sie noch nicht getrunken hat. Christina schaut auf das Etikett, dann nickt sie dem Kellner zu.

„Die Atmosphäre hier ist sehr gut!" Sagt Laura in Hochstimmung.

Christina nickt.

„Die Innendekoration hier ist wirklich schön, diese Säulen sind gut arrangiert. Die Formen sind elegant. Man sitzt hier, als wäre man im Wald."

„Stahlbetondschungel. Der Nachteil der modernen Architektur ist die Homogenisierung des modernen Lebens. Alle Menschen wohnen in einem ähnlichen Haus und leben ein ähnliches Leben."

„Ist das nicht gut? Zumindest sehr einfach."

„Das ist nicht gut. Zu künstlich, unnatürlich."

„Aber du kannst nicht leugnen, dass die moderne Technologie uns eine Menge Komfort gebracht hat."

„Aber es streicht die Vielfältigkeit aus, die von der Natur verliehen wurde; es streicht unsere reiche Phantasie aus; es lässt die menschliche Lebenskraft allmählich zurückgehen."

„Aber alle Architektur, die du entwirfst, muss mit modernen Materialien gebaut werden. Du kannst nicht leugnen, dass die moderne Architektur beispiellose Bequemlichkeit gebracht hat."

„Deswegen müssen wir die modernen Materialen und moderne Technologien verwenden, um natürliche Gebäude zu bauen."

„Selbst wenn du Recht hast, muss dein Design auch realistisch sein."

„Das ist nicht unrealistisch. Das ist meine Vorstellung als Architekt, um die natürliche Realität der Welt wieder herzustellen."

Laura lächelt und schüttelt den Kopf: „Meine kleine Träumerin."

„Was sie gesagt hat ist wahr. Ich war in der obersten Etage des höchsten Gebäudes der Welt, habe das teuerste Abendessen gegessen, den weltweit teuersten Stahl und Stein gesehen. Aber ich habe nur den Geruch von Geld wahrgenommen." Mischt sich der Kellner ein, dann öffnet die Flasche.

„Dann ging ich nach Afrika. Ich sah die kraftvolle rote Sonne aus der Ebene aufsteigen, Antilopen springen, Zebras laufen, Nilpferde im Fluss stehen, Elefanten spazieren gehen, alles ist so voller Vitalität." Er gießt den Wein für Laura ein.

Laura nickt anständig und bedankt sich.

Er gießt den Wein für Christina ein und sieht sie an.

Christina lächelt ihm zu.

„Zum Wohl! Genießen Sie Ihren Wein!" Er geht weg.

Christina starrt seinen Rücken an.

Laura berührt ihren Ellenbogen: „Findest du auch…"

„Ich finde, er ist sehr vertraut, als ob ich ihn schon mal gesehen hätte."

„So altmodisch?!" Sagt Laura mit einem schiefen Lächeln: „Ich finde, dass er sehr attraktiv ist."

„Kein Wunder, dass wenn ich was sage, du nicht einverstanden bist, und wenn er was sagt, nickst du zustimmend."

Laura zwinkert und lacht: „Und ich finde, dass ihr beide sehr gut zusammen passt, vom Aussehen und eure Gedanken."

„Unsinn!"

„Das ist kein Unsinn." Laura trinkt einen Schluck Wein und sagt ernsthaft: „Ihr passt gut zusammen, echt! Vielleicht muss du an Schicksal glauben!"

Christina ignoriert sie und überlegt, wo sie ihn schon mal gesehen hat.

## 10

Die Stimmung in Büro ist am Tiefpunkt. Sie haben den Auftrag verloren. Nicht nur wegen der Millionen an Entwurfsgebühren, auch weil alle denken, dass ihr Design deutlich rationeller als das der anderen Firma ist, und weil alle dachten, dieses Mal sei es so gut wie sicher. Je größer die Hoffnung, desto größer die Enttäuschung.

Glücklicherweise gibt der Umzug der Firma allen eine Chance, sich zu erholen. Christina ist trauriger als alle anderen.

Der Himmel ist bewölkt. Es ist bereits Sommer, aber so kalt. Sie steht am Fenster, hält ihren Ellenbogen, und guckt auf die breite Straße vor dem neuen Büro, die die beschäftigste Straße der Stadt ist. Sie fragt sich, warum sie hier ist? Sollte sie weiterhin hier bleiben?

„Christina, ein Stuhl für dich!" Ronald bringt einen Stuhl zur Tür herein.

„Danke!" Sie zieht den Stuhl zu sich.

„Sei nicht traurig. Sieg und Niederlage sind für einen Feldherrn etwas Alltägliches."

Sie nickt und zwingt sich zu einem Lächeln.

„Wenigsten haben wir die schönsten Landschaften in der Stadt." Sagt Ronald und beide gucken aus dem Fenster.

„Bitte alle mal eine Pause machen, ich bitte um Ihre Aufmerksamkeit. Ich stelle Ihnen einen neuen Kollegen vor."

Ralf lächelt und führt einen großen jungen Mann herein. Kurze Haare, weißes Hemd, blaue Jeans und ein erfrischendes Lächeln. Er kehrt die düstere Stimmung aus dem Büro raus. Alle gucken diesen jungen Mann neugierig an.

„Hallo zusammen! Ich bin Leo Behrens, nennen Sie mich einfach Leo."

Seine klare und laute Stimme scheint Christina ein wenig vertraut, sie dreht sich um.

Ihre Augen treffen sich. Er ist es!

Er schüttelt die Hände der anderen Leute, eine nach der anderen. Plötzlich steht er vor ihr und gibt ihr eine Hand: „Hallo, Leo!"

Sie gibt ihre Hand: „Christina!"

Sie wendet den Blick zur Seite, um seinem direkten Blick auszuweichen.

Die Praktikantin Mia steht aufgeregt neben ihr und guckt sie an.

„Ah, Christina, hast du mich schon vergessen?"

Christina guckt auf den Boden und schüttelt den Kopf.

„Ihr kennt euch, oder? Ihr beide kennt Kati." Ralf kommt.

„Vielleicht von einer Veranstaltung. Ich kann mich nicht genau erinnern."

Leo ist enttäuscht, nachdem er sie das sagen hört. Er versteht sofort, die Wärme verschwindet aus seinen Augen.

„Ab jetzt, Leo, bist du in Christinas Gruppe. Falls du Fragen hast, frag einfach Christina. Ihr beide müsst als Team arbeiten. OK, Leo, komm mit mir, ich möchte noch mal mit dir reden."

Ralf ist so gerade, voller Kraft, spricht und lacht, als ob die Sache mit dem Auftrag ihn gar nicht beeinflusst hat.

Beide verlassen das Büro.

Mia kommt zu Christina: „Endlich kommt ein Hübscher!"

Christina reagiert nicht.

„Christina, bist du nicht froh? Hast du nicht das Gefühl, dass er das ganze Büro aufmuntert?"

Sie streckt ihre Arme und krempelt ihre Ärmel hoch: „Jetzt habe ich wieder so viel Kraft! Los! Arbeiten!" Sie geht weg.

Ronald verzieht seinen Mund hinter ihrem Rücken: „So froh? Ist das nötig?! Er ist nur ein wenig hübscher als ich."

Er geht hinter Mia her, aber der Weg zwischen zwei Schränken ist zu eng. Mia passt durch, er nicht. Er kämpft sich nach vorne und schiebt den Schrank mit lautem Knarren zur Seite.

## 11

Im Büro ist Christinas Platz am Fenster. Leo gehört zu ihrer Gruppe. Sein Platz ist ihr gegenüber, auch am Fenster. Es gibt einen Gang zwischen den beiden Plätzen. Die Breite lässt gerade zwei Leute nebeneinander stehen, damit beide zusammen die schöne Aussicht genießen können. Aber so lange sie am Computer arbeitet, kann sie ihn nicht sehen. Und so lange er am Computer gegenüber ist, kann Mia sein Gesicht sehen. Dieser Platz ist von Mia bewusst ausgewählt. Ronald setzt sich neben Leo, damit er Mia sehen kann. Es ist bekannt, dass er ihr zugeneigt ist. Es scheint, dass Leo das nicht weiß. Er versprüht seinen Charme ständig. Es scheint sogar, dass Ronald auch bereits von ihm erobert wird. Als Leos humorvolle Worte Mia zum Lachen bringen, lacht er auch laut mit.

Christina nimmt an diesen Gesprächen nie teil. Aber sie kann gelegentlich auf dem Bildschirm eine Reflexion von ihm sehen, egal ob sie will oder nicht.

Leo bringt mehr Lachen und Aktivität ins Büro. Er ist höflich zu allen Kollegen und schleimt sich nicht ein, aber jeder mag ihn. Er spürt Christinas Ablehnung, aber er lässt sich nicht abschrecken. Er behandelt sie wie die anderen Kollegen, nicht besser, nicht schlechter.

„Das ist unser nächstes Projekt. Und das ist mein Entwurf. Ich würde gerne deine Meinung hören." Christina geht zu Leo und zeigt ihm einige Seiten.

Nach einigen Minuten antwortet er:

„Das ist dein Entwurf?" Er runzelt leicht seine Stirn.

„Ja?"
„Nicht schlecht, aber..."
„Was?"
„Aber es passt nicht zu dir."
„Was meinst du?" Sie runzelt ihre Stirn.
Er sieht sie ernsthaft an, dann macht einen Scherz.
„Dein Entwurf ist nicht so sexy wie du selbst."
Sie starrt ihn an.
„Nein, ich meine, es ist allzu umsichtig, alles viereckig, nicht wie du selbst, so sinnlich."
Christina starrt ihn noch mal verärgert an, aber sie möchte mehr hören.
„Hier können wir eine Kurve benutzen. Mit einer Kurve die verschiedenen Teile aufreihen. Wie Perlen auf einem Band. Nicht nur sanft und schön, sondern auch rational. Hast du nicht gehört? Linear ist eine menschliche Schöpfung, Gott schuf die Kurve."
Sie sieht ihn verständnislos an, aber ihr innerer Frieden wird gebrochen. Seit sie von Kevin beeinflusst wurde, einem Fürsprecher von Mies van der Roh, Modernistischer Architektur, Schinkel und Konstruktivismus, gab sie die Kurve auf. Sie hat schon vergessen, wie sie mit ihren Eltern nach Barcelona reiste, als sie ein Kind war. Sie ging in Gaudis Casa Batllo, wie in einer Märchenwelt. Solche verdrillten Linien, Kurven und kräftige Farben gaben ihr eine surreale Erfahrung. Der große Architekt des Gebäudes mit dem kalten, harten Material schuf eine Architektur, die sie sich warm und lebendig fühlen ließ. Nach dieser Reise, beschloss sie, wenn sie erwachsen ist, eine Architektin zu werden, und auch solche traumhaften Gebäude für Kinder zu schaffen. Dieses ursprüngliche Vorhaben hat sie schon seit langer Zeit vergessen.

Er sieht, dass sie gar nicht spricht, dann zeiht er seine Augenbrauen hoch: „Meine Meinung ist nur Referenz."
Dann setzt er sich in seinen Stuhl und rudert mit den Füßen zu seinem Platz.

## 12

Beim Abendessen erzählt Christina Laura, was am Nachmittag passiert ist.

Laura lacht: „Interessant!"

„Finde ich nicht. Die wichtigste Eigenschaft eines Architektens ist, rigoros zu sein. Weil was wir bauen benutzen alle Menschen."

„Hast du seinen Entwurf schon gesehen?"

Sie schüttelt den Kopf.

„Was findest du besser? Linien? Oder Kurven?"

„Linien und Kurven sind nur die Form. Es spielt keine Rolle, was besser ist. Dies ist nicht das wichtigste architektonische Element."

„Was ist dann das wichtigste architektonische Element?"

„Raum."

„Raum?" Laura schaut sich im ganzen Raum um.

„Wie diese Schüssel." Christina hebt ihre Schüssel vor sich: „Es gibt verschiedene Größen, Materialien und Designs. Schön, hässlich, teuer, billig. Aber was wir benutzen, ist der Raum, der geschaffen wurde." Christina zeigt den Raum ihrer Schüssel.

Laura nickt und berührt die Wand neben sich: „Und was ist das wichtigste Element der Schüssel, nein, des Raumes?"

„Licht und Schatten." Ihre Augen glänzen heiß.

„Wenn es um Architektur geht, bist du eine andere Person, so ernsthaft."

Laura lächelt ein bisschen berührt.

Christina lacht auch: „Ah, ich habe vergessen zu fragen, wie dein Reise war. Hast du deinen Buddha gesehen? Was sagt er?"

Laura nickt und ihre Augen funkeln.

„Buddha sagt, dass ich nächstes Jahr heiraten werde und diese Person ist schon im meinem Leben aufgetaucht."

„Wer ist es?"

„Wenn ich es wüsste, wäre ich nicht so gequält. Ich habe schon über alle Leute, die ich kenne, nachgedacht, keine Möglichkeit. Ich gebe auf. Aber ich mache mir keine Sorgen mehr, was ich jetzt tun sollte ist nur warten." Sagt sie mit Selbstbewusstsein.

„Bitte nicht. Falls falsch ist, was Buddha sagt."

Laura starrt sie mit kritischem Blick an: „Bitte sag keine schlechten Dinge über Buddha. Es funktioniert nur, wenn man daran glaubt. Alle Leute, die dort waren, sagen es funktioniert. Ich habe gesagt, dass du mit mir dorthin gehen sollest. Aber du wolltest nicht. Trotzdem habe dir einen Gefallen getan, ich habe auch einen Spruch angefordert. Willst du ihn wissen?"

„Sag ihn."

„Buddha sagt: So wie das Pech kommt, so wird das Pech gehen."

„Was bedeutet das?"

„Ich schätze, dass dein Pech mit deinem Unglück in der Liebe anfing. Ich denke, du musst dich noch mal verlieben, damit du dein Pech wieder verschwindet."

„Was ? Noch mal verlieben? Sterben ist einfacher als Lieben!" Ihre Worte entmutigen Christina sehr.

## 13

Christina steht vor der Tafel und gibt einen Überblick über den Zeitplan und die Aufgabezuweisungen des neuen Projektes. Die Sonne scheint durch das Fenster und landet auf ihrem Körper, wie ein Bündel Lichtstrahlen von einem Scheinwerfer auf die Hauptdarstellerin auf der Bühne treffen. Alle Augen sind auf sie gerichtet. Sie erzählt ohne Notizen mit vollem Selbstbewusstsein und malt von Zeit zu Zeit auf der Tafel, damit alle die Details dieses Projekts besser verstehen.

Ronald stößt Leo, der sich gerade etwas notiert, leicht mit seinem Ellenbogen an: „Hast du bemerkt, dass die Blicke von Christina scharf sind?"

Leo hebt seinen Kopf und trifft gerade ihren Blick. Diese Augen sind strahlend, halten den Abstand zu den anderen Menschen, aber wenn man wirklich hineinschaut, kann man einen Hauch von Angst, einen Hauch von Flucht finden. Sie gucken sich zwei Sekunden lang an und beide sind ein wenig abgelenkt, wie losgelöst von der realen Welt, als ob in dieser Welt nur die Beiden existieren, wie zwei Computer die mit einem Kabel verbunden sind und viele Informationen in einem Augenblick austauschen.

Sie nimmt ihren Blick weg, ist ein wenig verwirrt, aber fasst sich sofort wieder und erzählt weiter. Seine Augen jagen sie in ihren Bewegungen, aber sein Herz kann nicht mehr zurück zur Vergangenheit.

Leo überreicht Christina seinen Entwurf. Sie sieht eine Gruppe von öffentlichen Gebäuden und einen freien

Platz in einem Wohngebiet. Das Gebiet ist nicht groß, aber seine Funktion ist kompliziert. Das Wohngebiet schließt mit seinen Gebäuden einen ovalen Freizeitplatz ein. Alle Gebäude werden nach verschiedenen Funktionen entlang des Platzes angeordnet, damit die Zusammengehörigkeit des Platzes verstärkt wird. Der Radweg ist rund um den Platz angeordnet, sodass der ganze Platz ein totaler Fußgängerplatz geworden ist.

„Deine Idee ist sehr gut. Lass uns anhand deines Entwurfs weitermachen." Christina hebt ihren Kopf und guckt ihn an.

„Ok, Danke!" Er nimmt seine Skizzen und geht weg.

Sie sieht seinen Rücken an, es scheint, als hätte sie ihn unterschätzt.

Sie legt ihren Stift nieder, zerknittert ihre eigenen Skizzen und wirft sie in den Mülleimer.

## 14

Christina kommt aus der Toilette, mit einem Fuß ist sie beim ersten Schritt schon ins Wasser getreten. Herren- und Damentoilette teilen den gleichen Vorraum. Jetzt läuft das Wasser ständig aus der Herrentoilette raus. Der Boden des Vorraums ist schon 10 Zentimeter mit Wasser gefüllt.

Christina kann nicht umhin zu seufzen. Was für ein Glück. Bevor sie reinging, war alles noch in Ordnung. Nachdem sie rauskommt, ist alles überschwemmt.

Sie rollt die Ärmel hoch und geht auf Fußspitzen zur Herrentoilette.

„Was machst du?!" Leo kommt rein.

„Ich möchte gucken, was hier drin passiert ist, vielleicht muss man die Wasserzuleitung zudrehen."

„Lass mich mal machen, du kannst rausgehen."

Christina nickt und geht an ihm vorbei.

„Warte!" Er kommt mit ihr nach draußen, dreht sie zu sich, und hockt sich nieder.

Christina sieht nach unten, ihr Schnürsenkel ist offen und mit Wasser getränkt. Er bindet sie sanft zu, steht auf und geht wieder rein.

Christina steht da, ihr Herz bewegt sich unerklärlich sanft.

„Es tut mir leid, dass du herkommen musst. Kati sagt, dass ich dir das persönlich überreichen soll." Ralf schiebt ein kleines Päckchen über den Tisch zu Laura, die sich ihm gegenüber setzt.

„Macht nichts. Ich kann mit Christina zusammen nach Hause gehen."

„Ah, das ist auch schwer, soweit ich weiß, muss sie mit einem Kollegen gleich los vor Ort einen Baugrund erkunden. Es tut mir leid."

„Macht nichts." Laura lächelt.

Die Beiden sehen einander an. Im Raum ist es plötzlich still geworden.

Jemand klopft an die Tür.

„Komm rein!" Das Klopfen unterbricht die Verlegenheit.

Leo öffnet die Tür, sieht jemanden drin und möchte wieder weggehen.

Ralf winkt ihm zu: „Komm rein! Was ist? Ich möchte dich gerade jemandem vorstellen."

Leo kommt rein und schließt die Tür, er nickt Laura zu, sagt dann: „Die Wasserleitung von der Herrentoilette ist kaputt. Ich habe sie provisorisch abgedichtet, aber wir müssen sofort einen Handwerker anrufen."

„Ok. Leo, kennst du Laura?"

Leo guckt Laura eine Sekunde an und schüttelt den Kopf.

„Sie ist auch eine gute Freundin von Kati."

„Ich kenne dich!" Sagt Laura lächelnd.

Sie sieht seinen überraschten Ausdruck und erklärt: „Wenn ich mich richtig erinnere. In einem Restaurant, Sie haben den Wein für uns geöffnet."

„Ah! Jetzt weiß ich, Sie sind die Dame, die mit Christina zusammen war."

Beide lachen zusammen.

„Welches Restaurant? Ich war auch schon mal da, oder?" Fragt Ralf.

Leo nickt.

Ralf lacht: „Ich habe ihn auch dort getroffen, dann habe ihn hierher geholt, um für mich zu arbeiten."

„Wie haben Sie beide sich kennengelernt?"

„Wir können uns duzen. Wir haben eine sich über zwei Generationen erstreckende Freundschaft. Mein Großvater und sein Großvater haben zusammen studiert."

Laura wird plötzlich etwas klar, sie zeigt mit einem Finger auf Leo: „Dein Großvater ist…"

Leo nickt.

## 15

Das Telefon klingt. Ralf antwortet in den Hörer.
„Ich gehe gleich mit Christina dahin."
Ralf nickt.
Leo sagt Tschüss zu Laura und geht hinaus.
Laura steht auf, geht zum Bücherregal und betrachtet Ralfs Bücher. Sie nimmt eines heraus, liest kurz, geht dann zum Fenster und sieht hinaus.
Sie sieht, dass Christina und Leo hintereinander aus dem Gebäude herauskommen und vor der Ampel stehen bleiben. Das Grün leuchtet, Christina geht sofort auf die Fahrbahn. Ein hektisch lenkendes Auto trifft sie fast. Es wird so stark gebremst, dass Laura das scharfe Bremsgeräusch hören kann. Zum Glück hat Leo sie prompt zur Seite gezogen. Nachdem Leo mit dem Fahrer gesprochen hat, fährt das Auto weg. Christina geht weiter, Leo wechselt die Seite, damit er jede Fahrrichtung für sie blockieren kann.
Laura kann nicht anders, als zu lachen.
Ralf legt das Telefon auf und kommt an Lauras Seite.
Christina und Leo verschwinden im Strom von Menschen.
„Was ist passiert?"
„Nichts. Liest du auch ‚Die Kunst des Krieges'?"
„Ja. Das Geschäftsfeld ist auch ein Schlachtfeld. Hast du auch Interesse?"
„Ja, deswegen sagt meine Mutter immer, mein Interesse sei nicht wie das eines Mädchens, sondern wie das eines Junges."

„Da ist nichts Schlimmes dran, oder?"

„Meine Mutter hat Angst, dass ich so männlich bin, dass kein Mann mich heiraten möchte."

„Nein, was sie meint ist falsch. Wenn Gott den Menschen erschafft, hat er schon für dich deine andere Hälfte gemacht, die du früher oder später finden kannst. Vielleicht sind deine Interessen eine Hilfe dabei ihn zu finden."

Nachdem er das gesagt hat, fühlt Ralf sofort, dass etwas nicht stimmt. Er hustet peinlich zweimal. Lauras Gesicht ist rot geworden und sie guckt wieder nach draußen.

## 16

„Heute hatte ich echt Pech, wurde fast von einem Auto getötet." Christina beschwert sich während des Essens.

„Achja? Sehe ich nicht so." Sagt Laura geheimnisvoll, sie setzt sich ihr gegenüber.

„Was meinst du? Findest du, dass ich es verdiene, getötet zu werden."

„Ich denke, dass dein Pech bald vorbei sein wird."

„Woher willst du das wissen? Hast du Buddha noch mal gefragt?"

Laura schüttelt den Kopf: „Ich weiß es einfach."

„Ich verstehe nicht, warum es so viele Leute gibt, die keine Geduld haben. Ist es nicht in Mode, langsames Leben ist ein gutes Leben?"

„Kennst du Peter Behrens? Damals, als dein Studium angefangen hat, hast du mir von ihm erzählt."

„Kann man so sagen, er ist Mies von der Roh`s Lehrer. Aber es starb schon vor vielen vielen Jahren."

„Er hat sicherlich Nachwuchs. Du kannst mit seinen Kindern über Architektur reden. Auch eine coole Sache."

„Wer weiß, wo seine Kinder sind und woher willst du wissen, dass sie in dieser Branche arbeiten?"

„Wenn ich sage, dass ich es weiß, kannst du es glauben?"

„Du weißt es? Hat das der Buddha gesagt?"

„Egal, ich weiß sowieso, dass dein Wendepunkt kommt."

„Und wie ist es bei dir?"

Lauras Gesicht ist plötzlich rot geworden: „Das Geheimnis darf nicht enthüllt werden."

„Dieses Wochenende gehen wir zu einem Konzert. Ich habe schon Tickets."

„Wie bist du daran gekommen?"

„Ralf ist ein Classic Musik Fan. Er spricht darüber. Ich sagte, dass wir auch mitgehen möchten. Dann hat er für uns zwei Tickets besorgt. Er wird uns am Haupteingang treffen."

„Er ist so nett."

„Ich habe schon entschieden, dass ich mein weißes Seidenkleid trage, obwohl es nicht so warm ist. Alles meine Schuld, es ist so kalt diesen Sommer."

„Bitte benimm dich nicht mehr wie ein Gott." Laura kann nicht anders, als ihre Augen nach oben zu rollen: „Ich kann das nicht mehr ertragen. Glaube mir zu sagen, dass du nur ein normaler Mensch bist. Was bei dir passiert, passiert bei anderen Leuten auch."

„Echt?" Es scheint, als ob es das erste Mal ist, dass sie diese Theorie hört.

Laura antwortet nicht, steht auf und räumt ihre Teller weg. Gute aussehende Menschen haben solche Vorteile, dürfen so dumm wie möglich sein, denkt sie.

# 17

Christina und Leo fahren mit seinem alten Auto, um die Location zu überblicken. Um unangenehmes Schweigen zu vermeiden, fängt Christina an mit ihm zu reden:

„Ich habe meinen Entwurf nach deiner Meinung geändert. Aber ich finde immer noch, für die bestmögliche Raumnutzung ist eine Kurve nicht besser als die gerade Linie. Die Linie ist besser bei der Einrichtung des Raums mit Möbeln."

„Ich finde nicht, dass eine Kurve besser als eine gerade Linie ist. Aber der Nachteil der modernen Architektur ist: es fehlt die Einzigartigkeit. Und in einigen Fällen sind rechteckige Gebäude nicht die optimale Lösung. Denk zum Beispiel an ein Vogelnest. Es ist rund gebaut, um dem Wind Stand zu halten. Es gibt keine wirklichen Linien in der Natur."

„Die gerade Linie kann auch ein natürliches Gebäude erstellen, kann eine natürlich Lüftung der Räume, Tageslicht und die Verringerung der Heizkosten durch die Nutzung der Sonnenenergie bewirken, wodurch ein Passivhaus geschaffen wird. Und mit der Verwendung von einfachen, natürlichen, langlebigen Materialien können auch natürliche Gebäude geschaffen werden, die sehr effizient sind."

„Ich bin nicht gegen gerade Linien. Ich möchte nur sagen, dass die Entwicklung der modernen Technologie die Phantasie von Architekten beflügelt. CAD-Programme ermöglichen die Kurvenstrukturberechnung genauso einfach, wie die Berechnung der Linie. 3D-Drucktechnologie macht einen Architektur-Entwurf immer anschaulicher. Das kann sogar einem normalen Menschen helfen, Architekt zu werden.

„Dann findest du Dekonstruktive Architektur gut?"

„Ja. Dekonstruktivismus bricht alle Bauteile auseinander, die wieder mittels CAD umstrukturiert werden. Nach der Umstrukturierung sind alle Daten der Bauelemente, der Wände, der Säulen, und der Decken berechnet und der Raum vermittelt uns ein angenehmes Gefühl und erfüllt gleichzeitig seinen Zweck. Außerdem hilft die Entwicklung neuer Materialien, die Ideen von Architekten zu realisieren."

„Wie hoch sind die Kosten? Große Kurvenflächen und die Verwendung von neuen Materialien bedeutet zwangsläufig die Erhöhung der Kosten. Das macht Architektur zu einem Luxus. "

„Zu diesem Punkt, ich finde auch, es ist nicht gut, das Geld mit vollen Händen auszugeben. Aber, " Er guckt kurz zu ihr. „ Aber beim Neubau des Internationalen Jugend Kulturzentrums von Zaha Hadid in Nanjing, lenken die stromlinienförmigen Räume geschickt von den großen Stahlkonstruktionen ab und vermitteln das Gefühl, als würde man durch eine Höhle gehen. Der Fluss des gesamten Innenraums ist wie fließende Musik."

„Warst du persönlich da?"

Er nickt: „Bevor ich zurück gekommen bin, war ich einmal da. Jetzt ist China das experimentelle Feld aller Architektenmeister!"

Bis hierhin sind ihre Augen voller Neid: „Bist du viel unterwegs?"

Er nickt: „Ich mag das Gefühl unterwegs zu sein. Unterwegs kann man ganz sein, wer man wirklich ist."

Sie nickt.

„Als ich in Afrika war, sah ich die Menschen dort, konfrontiert mit Krankheiten, wilden Tieren und Naturkatastrophen. Ich war wie sie, jeden Tag dachte ich: wie kann ich es schaffen, weiter zu leben. Und das ist der Sinn des Lebens. Hier denkt man sich, wie soll ich leben, damit mein Leben einen Sinn hat?"

„Und wie soll man leben, damit das Leben einen Sinn hat?"

„Man muss einen Traum haben."

„Ich denke, dass wir jetzt zu alt sind, noch einen Traum zu haben. Ich denke, jetzt ist die Zeit, wo man mit beiden Beinen auf der Erde stehen sollte."

„Einen Traum zu haben und dafür zu kämpfen, schließt nicht aus mit beiden Beinen auf der Erde zu stehen. Außerdem sollte man einen Traum haben, denn falls man ihn verwirklicht, wäre das nicht toll?"

Sie guckt ihn an und lächelt.

Er lächelt ihr zurück, mit ein wenig Stolz.

## 18

Das Auto fährt auf der kurvenreichen Straße. Die hohen Bäume auf beiden Seiten verdecken die Sonne. Christina kurbelt das Autofenster herunter und atmet das einzigartige Aroma des Waldes. Ein Reh springt zwischen den Bäumen und verschwindet. Ein schöner Vogel auf einem Zweig singt. Alles vor ihren Augen ist so lebendig. Sie streckt eine Hand aus dem Fenster, berührt den Wind.

Es regnet plötzlich und Regen fällt dicht auf das Auto. Christina macht das Fenster zu.

„Die Natur ist so eigenwillig." Sagt Leo, macht den Scheibenwischer an und drückt den Knopf, um den Sender zu wechseln.

„Achtung!" Schreit Christina.

Ein Tier überquert die Straße.

Er bremst mit voller Kraft, dann stützt das Auto in die Büsche neben der Straße.

Das Auto hat eine Panne, lässt sich nicht mehr starten. Leo holt sein Handy raus, guckt und dann runzelt er die Stirn: „Hier gibt es kein Signal, unglaublich! Und wie ist dein Empfang?"

Sie guckt auf ihr eigenes Handy: „Ich habe auch kein Netz."

Er sieht sie verlegen an: „Normalerweise macht mein Fiesta das nicht."

Sie lächelt ihm verlegen zu: „Soll ich versuchen, das Auto zu schieben? Ich bin sehr kräftig."

Er guckt den Regen draußen an: „Du bleibst im Auto und lenkst. Lass mich schieben!"

„Ich kann nicht fahren. Ich schiebe." Dann zieht sie die Kapuze auf ihren Kopf und steigt aus bevor er antwortet.

Es regnet immer stärker. Sie macht einen großen Schub mit voller Kraft. Das Auto bleibt da und bewegt sich kein Stück. Aber sie rutscht, fällt hin wie ein Stein. Ihr Gesicht schlägt direkt in eine Pfütze.

Bevor sie reagieren kann, steigt er sofort aus, hebt sie von dem Boden wie eine Puppe auf, hält sie in seinem Arm und setzt sie ins Auto.

Er steigt auch ins Auto: „Alles Ok?" Er zieht ein Taschentuch aus der Tasche und reicht es ihr.

Sie wischt sich den Schlamm vom Kinn weg, dann fängt sie an, laut zu lachen. Was für ein Pech! Aber zum ersten Mal denkt sie sich, so ein Pech aber gleichzeitig so eine noch nie dagewesene Freude!

Leo sieht sie an, streichelt ihr nasses Haar, und lacht dummerweise auch mit.

Christina Schaut die undeutliche Wasserwelt aus dem Fenster an und denkt: „Wenn die Pechsträhne noch nicht zu Ende ist, dann mal los! Ich bin bereit!"

Es regnet und regnet. Es wird immer dunkler, und die zwei schlafen im Auto. Die Sommernacht ist sehr kurz, als der Tag anbricht, hört der Regen auf. Christina wacht auf. Sie guckt auf ihr Handy, ist ein wenig enttäuscht. Sie schüttelt ihn, er sitzt neben ihr und schläft noch. Plötzlich wacht er auf, etwas durcheinander.

Sie zeigt auf sein Handy. Er schaltet sein Handy ein und dann schüttelt er den Kopf.

Er legt das Handy zur Seite, öffnet die Tür, steigt aus, reckt sich und dann steckt er seinen Kopf wieder ins Auto: „Lass uns gehen, es ist nicht weit bis zur Hauptstraße. Lass uns zu Fuß gehen, und dort Hilfe suchen."

Draußen ist die Luft frisch, Christina zuckt mit den Schultern. Leo zieht seine Jacke aus und legt sie auf ihre Schultern.

Sie gehen die Bergstraße entlang, Seite an Seite. Alles um sie herum ist so still, nur das Geräusch des Windes und der Insekten.

Allmählich enthüllt die Lavendeldämmerung sich auf dem Horizont, als ob sie langsam von der Nacht direkt in dem Morgen gegangen wären. In dem warmen und transparenten Licht wird alles sanft.

Als sie den Zaun vor der Straße sehen, lächeln sie einander an. Plötzlich rennt Christina nach vorne, dem ersten Morgenlicht entgegen. Ihr Rücken ist so schlank und flink. Er öffnet seine Augen, starrt auf den Rücken, bis sich das Bild in sein Herz schleicht.

# 19

Ein Taxi hält an der Tür des Konzertsaals. Christina und Laura steigen aus. Laura trägt ein dunkelrotes Kleid, gleich farbige Lippen, strahlend, elegant. Christina trägt ein langes weißes Seidenkleid, rein, frisch und schlank. Ralf und Leo sind vor den beiden angekommen. Jetzt sind ihre Augen fest von den beiden Mädchen angezogen. Nachdem Christina ausgestiegen ist, geht Leo schnell zu ihr, um die Tür zu schließen. Aber seine Augen sind immer auf sie fokussiert.

Das Taxi fängt an zu fahren. Christina wird vom Auto weggezogen und läuft zwei Schritte mit, dann bemerkt sie, dass ihr Kleid in der Tür des Autos eingeklemmt ist. Sie dreht sich zwei Mal. Leo steht da und guckt verblüfft, dass das Kleid zerrissen wird. Es ist sofort von einem langen Kleid zu einem kurzen Rock geworden. Das Taxi fährt ohne zu zögern nach vorne mit einem Stück weißer Seide in der Tür und lässt Christina alleine dort verlegen stehen. Sie weiß nicht, wo sie ihre Hände hinlegen soll, vorne oder hinten. Leo zieht sein Jackett hastig aus, wickelt es um ihre Taille und sagt zu Ralf, der herbeigeeilt kommt:

„Das Konzert fängt gleich an. Ihr könnt schon reingehen. Ich gehe mit Christina daneben shoppen, um ein neues Kleid zu kaufen."

„Geht das?"

„Geht. Und ich habe sowieso nicht so viel Lust auf das Konzert. Ihr könnt reingehen. Wir kommen nach."

Laura und Ralf zögern, aber sie haben auch keine bessere Idee.

Leos Anzugjacke hängt auf dem Stuhlrücken. Christina sitzt auf dem Stuhl und hat schon eine Jeans und ein T-Shirt angezogen. Das zerrissene Kleid ist in einer Papiertüte neben ihren Füßen. Leo steht hinter der Bar und gießt ein Glass Rotwein für sie ein. Christina trinkt den Wein in einem Zug aus. Er schenkt ihr noch ein Glas ein. Sie trinkt wieder alles auf einmal.

Laura und Ralf hören aufmerksam dem Spielen zu. Zwei Stühle neben ihnen sind leer. Laura sagt zu Ralf: „Es scheint, als ob sie nicht kommen werden." Aber ihre Augen verlassen die Klavierspielerin auf der Bühne nicht.
 Er nickt und lächelt ihr zu.
 Sie lächeln sich einander an und hören dem Spielen aufmerksam zu.

Christinas Gesicht errötet. Sie ist ein wenig beschwipst: „Leo, warum bist du zurückgekommen?"
 „Mein Opa ist gestorben." Sagt Leo melancholisch.
 „Du hast dein Studium nicht abgeschlossen?"
 „Nein."
 „Warum hast du in diesem Restaurant gearbeitet?"
 „Ich habe mein Studium nicht abgeschlossen, aber ich brauche eine Arbeit. Außerdem gehört dieses Restaurant meinem Bruder." Er lächelt. " Deswegen geht heute alles auf mich."
 „Ah!" Sie nickt: „Danke."
 „Aber zum Glück habe ich dich, Laura und Ralf hier getroffen."
 Er sieht sie an, und seine Augen funkeln.
 „Warum studierst du Architektur?"
 „Weil es von den Vorfahren überliefert ist. Und du?"

„Weil ich es mag. Ich möchte in der Zukunft mit den Leuten, die ich liebe, zusammen in dem Haus, das ich entworfen habe, leben."

„Bist du schon fertig mit dem Entwurf?"

Sie tätschelt ihren Kopf: „Hier, ist alles gespeichert. Ich weiß, wie mein Haus aussehen soll. Das ist ein weißes Haus. Hinter der Tür ist ein großes rundes gemütliches Wohnzimmer, wenn es kalt ist, kann die ganze Familie da in orangenem Licht zusammen plaudern. Neben dem Wohnzimmer ist die Küche, blau, sauber und frisch. Draußen vor der Küche ist eine Terrasse. An heißen Tagen sitzt die Familie darauf und grillt. Daneben ist ein Garten, voller Blumen. Wenn der Frühling kommt, blühen alle Blumen und duften fantastisch. Der Garten grenzt an das Meer. Am Abend nach dem Essen gehen wir Hand in Hand am Strand spazieren, das Ohr ist voller Rauschen der Wellen, WA…WA…"

Sie zeigt ihm ihr leeres Glas.

Er gießt für sie nach: „Das letzte Glas."

Sie nickt.

„Dein Wunsch ist nicht schwer zu verwirklichen."

„Schwer, wie nicht schwer? Er ist schon gegangen. Er hat mich verlassen, das ist nicht schwer? Ich habe immer gedacht, dass ich ohne ihn nicht weiterleben könnte. Aber guck mal, ich bin immer noch am Leben. Ich verstehe erst jetzt, dass nichts für ewig ist, sogar der Schmerz."

Dann legt sie ihren Kopf auf dem Tisch und kann ihn nicht mehr heben.

Leo kommt aus der Bar, geht in die Halle, da steht ein Klavier. Er setzt sich auf dem Klavierhocker. Seine Augen sehen sie an. Sie lächelt ihn an.

Er spielt einen zurzeit beliebten Song. Die Melodie ist sanft, lieblich und traurig. Seine Stimme ist tief und sauber, sodass sie der traurige Text noch mehr berührt.

„Wenn du sagst, dass du eine Blume willst, werde ich dir die eine Blume geben.

Wenn du sagst, dass du einen Stern willst, werde ich dir einen Stern geben.

Wenn du sagst, dass du Schnee willst, werde ich es schneien lassen.

Wenn du sagst, dass du mich verlassen willst, werde ich dir sagen, dass ich dir die Freiheit…gebe…"[1]

Die beruhigende Melodie lässt Christinas Augenlider immer schwerer werden. Nachdem der Song endet, geht Leo zurück an ihre Seite, beobachtet nachdenklich wie sie schläft. Er nimmt eine Haarsträhne und klemmt sie hinter ihr Ohr. Er sieht sie an, sein Herz ist von voller Kraft erfüllt. Gibt es was auf der Welt, das man nicht erreichen kann?

---

[1] Mayday: „Tenderness"

## 20

Das Mondlicht ist hell und klar. Laura und Ralf gehen langsam die Straße hinunter.

„Vielen Dank, dass du mich zu so einem tollen Konzert eingeladen hast. Argerich ist meine Lieblingspianistin." Sagt Laura.

„Warum?"

„Weil sie ein Genie ist. Ich mag diese Art von Genie gerne, die mühelos Erfolge hat. Sie kommt so leicht zum Erfolg, andere werden das nie schaffen, egal wie viel Mühe sie sich geben. Ich mag sie, denn ich kann nicht, was sie kann."

Er nickt: „Mein Lieblingsstück heute Abend das sie gespielt hat ist Liszts Ungarische Rhapsodie, das erinnert mich an meine Kindheit. Damals blühten die Geranien, die Sonne schien, die Tage wurden immer länger, Mama backte Kuchen in der Küche, der Duft erfüllte den ganzen Raum. Ich saß auf dem Sofa mit Kati zusammen und wir guckten ‚Tom und Jerry', und lachten ständig. Das ist echt die schönste Zeit meines Lebens gewesen."

„Ja, Musik speichert die Zeit der Vergangenheit für uns. Zu jener Zeit, saß ich gerne auf dem Balkon und las. Ich kann mich erinnern, dass ich ein Buch, das von einer japanischen Schriftstellerin geschrieben war, gelesen habe. Es gibt ein paar Worte, die ich immer noch nicht vergessen habe: Das schlimmste in der Welt ist: Wir haben Augen, aber können die Schönheit nicht finden; Wir haben Ohren, aber sie können sich nicht an der Musik erfreuen; Wir haben ein Herz, aber können das Wahre nicht verstehen, können nicht berührt werden und können auch nicht leidenschaftlich sein. Zu jener Zeit, waren wir so jung, was wir gelesen haben waren die besten Bücher; was wir gehört haben war die beste Musik. Jeder Tag war ein schöner Tag, jeden Tag schien die Sonne. Das vermisse ich wirklich."

„Ja! Diese Zeit! Solche Büche, solche Songs und auch die junge Liebe kann man nie vergessen."

Sie gucken sich an und lächeln einander zu.

Kaltes Mondlicht schleppt ihre Schatten sehr lang. Die zwei Schatten kuscheln sich nebeneinander, als ob sie sich gegenseitig wärmen.

## 21

Am Morgen öffnet Christina ihre Augen mühevoll. Die Sonne scheint in das Haus durch die Vorhänge. Sie hat so Kopfschmerzen, dass sie denkt, ihr Kopf explodiert gleich. Vielleicht liegt das an der Sonne.

Sie müht sich ab, um sich aufzusetzen und guckt auf die Uhr an der Wand. Es ist schon 7:30 Uhr, schon zu spät um zu arbeiten. Sie druckt ihre Schläfe mit ihrem Finger und steht auf.

Sie geht in die Küche und sieht, dass Laura entspannt klassische Musik hört und frühstückt.

„Hast du keine Angst zu spät zur Arbeit zu kommen?" Christina schenkt sich eine Tasse Kaffee ein.

„Du bist immer noch nicht aus dem Kater erwacht. Heute ist Sonntag!"

Christina klopft sich gegen ihren Kopf und atmet aus. Es scheint, als ob sie gestern wirklich zu viel getrunken hätte: „Wie war ich gestern?"

„Was meinst du?"

„Ich meine, ob ich schrie oder in Tränen ausgebrochen bin?"

Laura schüttelt den Kopf: „Nein, aber du hast ihn festgehalten und gesagt, dass du ihn heiraten möchtest."

Christinas Gesicht ist sofort rot, und ihr Blick erstarrt: „Das ist nicht wahr!"

„Warum nicht?"

„Ich habe mich nicht in ihn verliebt, warum sollte ich ihn heiraten wollen?"

Ihre Stimme ist zögerlich, aber ihr Blick ist zweifellos.

„Nein, hast du nicht." Laura lacht. " Als Leo dich zurückgebracht hat, hast du sofort so fest wie ein Stein geschlafen. Aber ich bin nicht sicher, als ihr Beide zusammen wart, ob du das..."

Christina kann nicht zurückdenken, sie wechselt das Thema sofort: „Ich habe gehört, sein Opa ist gestorben."

Laura nickt: „Es ist genau an dem Tag passiert, an dem du zurück gekommen bist."

Christina gerät in Bestürzung, wenn die Zeitdifferenz abgezogen wird, ist es dann nicht die Nacht, die sie mit ihm zusammen verbracht hat? Mein Gott, sie ist wirklich verflucht.

„Ich habe es gehört. Wenn nicht dafür, wird er weiterhin weltweit reisen. Es ist so gut, in einer reichen Familie geboren zu werden."

„Nein, du bist kein Architekt, deswegen weißt du nicht, dass Reisen auch eine wichtige Lerntechnik ist. Der berühmte japanische Architekt Tadao Ando hat keine Architektenausbildung. Nach seinen Reisen um die ganze Welt hatte er so viel über Architektur gelernt, dass er sein eigenes Architekturbüro eröffnete und ‚die Kirche des Windes', ‚die Kirche des Lichts', ‚die Kirche des Wassers' und weitere hervorragende Gebäude schuf."

„Ist er auch ein Priester?"

„Nein, er ist ein Architekt." Christina antwortet ein wenig verärgert.

Laura nickt und zuckt die Achseln.

„Um die Welt zu reisen ist der Traum jedes Architekten."

„Das ist nichts Besonderes." Laura fügt im Herz zu: „Es ist nicht nur der Traum jedes Architekten."

„Wenn man keinen Traum hat, dann lohnt es sich nicht zu leben."

„Das habe ich auch einmal gehört. Aber es scheint anders zu sein: Wenn es keine Liebe gibt, dann ist das Leben nicht anders als der Tot."

Sie denkt an letzte Nacht und kann nichts anderes als lächeln.

„Gute Laune?"

Laura lacht, nickt: „Ich muss sagen, das Leben ist schön!"

Christina beobachtet sie misstrauisch und schnüffelt: „Etwas passiert. Ah, es ist das Aroma der Liebe."

Laura lächelt und schiebt sie weg.

## 22

Christina geht zu ihrem Schreibtisch und sieht eine Tasse Kaffee und ein Croissant auf dem Tisch. Sie dreht sich um und sieht Leo an. Er deutet mit der Hand zum Essen. Sie geht zu ihm und sagt: „Bitte komm mal mit."

Dann geht sie zuerst raus.

Christina lehnt sich gegen das Dachterrassengeländer und dreht sich um, als sie das Getrampel hört.

Leo stellt sich neben sie, schweigt und wartet darauf, dass sie den Mund öffnet.

„Ich bat dich, hierher zu kommen, weil … ich sagen möchte…"

„Dass du mir danken willst?"

„Nein." Sie wirft ihren Blick auf die Landschaft außerhalb des Geländers.

„Ich möchte dir nur sagen, dass du Abstand von mir halten sollest."

„Warum?"

„Weil…weil…vielleicht glaubst du es nicht, aber wer mit mir zusammen ist, wird Pech haben."

Er bricht in lautes Lachen aus: „Also ist es nur zu meinem Besten?"

Sie nickt ernst: „Ehrlich! Es tut mir leid, was mit deinem Opa passiert ist."

„Warum entschuldigst du dich? Das hat nichts mit dir zu tun."

„Egal, wie gesagt, halte lieber Abstand von mir."

„Ich bin nicht einverstanden. Weil ich mich in dich verliebt habe."

„Was?!"

„Ich möchte dir nur noch sagen, dass du zu dünn bist, sodass du jeden Tag frühstücken musst." Dann geht er weg, lässt sie verwirrt da stehen.

„Ich habe schon gefrühstückt. Ich will nicht dicker werden." Murmelt sie.

Christina beeilt sich ins Kino zu kommen, findet ihren Platz und sieht, dass Leo da sitzt. Sie runzelt die Stirn. Das Licht ist im Moment aus. Sie setzt sich neben ihm. Leo beugt sich zu ihr: „Laura hat etwas dringendes zu erledigen. Sie kann nicht kommen."

Der Film beginnt. Christina verweigert den Pommes, den Leo ihr reicht und konzentriert sich auf dem Film. Leo rutscht im Sessel nach unten, breitet seine Beine aus, macht es sich bequem und nimmt eine Pommes nach dem anderen aus der Tüte, um sie zu essen.

Das Rascheln in der Stille des Kinos ist sehr schrill.

Der Mann, der vor ihm sitzt, dreht sich um: „Können Sie bitte aufhören?"

Leo nickt.

Christina sieht ihn an. Er macht eine Grimasse. Dann guckt er den Film weiter. Neben ihr ist es für zwei Minuten ruhig. Dann fängt er an, einen Pommes vorsichtig aus der Papiertüte zu ziehen. Dann steckt er ihn sorgfältig in den Mund und trinkt anschließend einen Schluck Cola. Er ist so vorsichtig, dass sie total genervt ist. Sie runzelt die Stirn und hält es aus. Endlich hört sie den Klang von angesaugte Becherboden, dann ist endlich alles still. Ihre Stirn entspannt sich. Auf der Leinwand, verlässt die männliche Hauptfigur die weibliche Hauptfigur, die weibliche Hauptfigur steht vor dem Fenster, sieht seinen Rücken und bricht in Tränen aus. Christina bekommt rote Augen, kann nicht anders als mitzuweinen. Sie wischt ihre Tränen verlegen weg, blickt zur Seite, Leo schläft auf dem Sitz.

Leo bringt Christina zu einem Musikladen, der sich direkt neben dem Kino befindet.
„Schrecklich!"
„Was?!"
„Das was wir gerade gesehen haben, war keine Liebesgeschichte, sondern ein Affektions-Horrorfilm. So schrecklich. Nach dem Gucken des Films möchte niemand sich mehr verlieben."

Christina lacht. Sie denkt daran, was er gerade durchmachen musste, dann geht sie mit ihm rein.

Sie schaut sich um. Sie hat keine Lieblingsmusik. Wenn sie zu Hause ist, hört sie die Musik mit, die Laura hört. Sie guckt nur gerne Filme.

Leo steht vor dem Fenster und winkt ihr zu. Christina geht zu ihm. Er setzt ihr einen Kopfhörer auf. Sie sieht ihn an. Er nickt ihr zu, drückt die Abspieltaste, dreht sie um neunzig Grad und lässt sie nach draußen sehen.

Die Straße ist voller Menschen und Autos. Jeder Fußgänger geht konzentriert geradeaus. Die Musik bringt sie in eine andere Welt. Die Stimme des Sängers ist tief, sanft, und hat die Kraft, alle Wunden zu heilen. Er singt:

*„Talk to me softly, there is something in your eyes*
*Don't hang your head in sorrow and please don't cry*
*I know how you feel inside*
*I've been there before*
*Something changing inside you and don't you know..."*

## 23

Es erwärmt sich langsam. Christina und Leo erziehen ein stilles Einverständnis bei ihrer Zusammenarbeiten. Die Kunden sind zufrieden mit dem Projekt, das sie zusammen entworfen haben.

Sie bleiben zusammen bis spät in die Nacht auf. Sie begegnen dem Stress gemeinsam. Egal wie beschäftigt Leo ist, ist er immer glücklich und humorvoll. Er bringt die Sonne wieder in ihr Leben. Außerdem ist Leo sehr sorgfältig. Er berücksichtigt nicht nur, was Christina braucht, sondern auch was ihre beste Freundin Laura braucht.

Es gibt eine Impressionisten-Ausstellung im Stadtmuseum. Christina gibt Leo einen versteckten Hinweis. Dann kauft Leo vier Karten und lädt Ralf ein.

„Ich weiß nur, wie man klassische Gemälde wie das Mädchen mit den Perlenohrringen schätzt. Aber impressionistische Malerei kann man besser verstehen als abstrakte Malerei." Sagt Laura verlegen und schaut ‚Starry night' von Van Goghs vor sich an.

„Jeder hat seine eigene Sicht, Dinge zu sehen. Was schön ist, kannst du selbst entscheiden." Sagt Ralf mit einem Lächeln, um sie zu ermutigen.

„Es sieht so aus, als ob die moderne Kunst keine Maltechniken braucht. Sie schwenkt in ihren Armen die Bürste, dann ist die Malerei fertig. Ich habe einen Artikel gelesen, dass manche Gemälde von Psychiatriepatienten keinen Unterschied zu den Gemälden von modernen Künstlern aufzeigen."

Ihre Worte bringen alle zum Lachen.

„In der Tat ist die ursprüngliche Funktion von Malen etwas zu protokolieren, z. B. eine Jagd oder eine Feier. Später entdeckte man Farben, Licht und Schatten, und Perspektive, sodass die Werke des Künstlers immer naturgetreuer geworden sind. Aber dann ist die Kamera erfunden worden. Daher hat das Thema Naturtreue keinen Sinn. Dann entstand ein Malstil, dessen Zweck es ist, nicht naturgetreu zu sein. Das ist Impressionismus. Impressionismus strebt nach keiner genauen Perspektive, feiner Pinselführung, oder genauen Farben. Malerei war ein Ausdruck menschlicher Gefühle und der auffälligen Merkmale des Objektes. Noch später brauchte man einfach kein Objekt mehr, solange es schön war, mit der Malerei die Emotionen des Malers ausdrücken zu können, ist immer ein schönes Werk entstanden." Erklärt Ralf.

Laura sieht ihn mit voller Bewunderung an.

„Ich mag die Gemälde von Van Gogh. Seine wilden Pinselstriche und hellen Farben, lassen einen empfinden, als ob im eigenen Herzen ein Feuer brennt." Sagt Christina.

„Van Gogh hat einmal in seinem Brief erwähnt: Jeder hat eine Flamme im Herzen. Die Leute, die vorbei gehen, können nur Rauch sehen. Aber es gibt immer eine Person, die das Feuer sehen kann. Und dann kommt sie zu dir und bleibt bei dir." Leo sieht ihr tief in die Augen.

Christina guckt weg: „Aber am Ende ist er verrückt geworden. Vielleicht hat Steve Jobs Recht: Nur die Personen, die verrückt genug sind, glauben, dass sie die Welt ändern könnten, können das auch wirklich."

„Ich will nicht die Welt ändern, ich will nur, dass ich nicht von dieser Welt geändert werde." Sagt Leo und zuckt mit den Schultern.

„Denk an Van Goghs Ende. Ich muss sagen, dass Maler nach Armut klingt. Architekt klingt besser. Da denkt man gleich ans Geld verdienen." Sagt Laura grinsend.

„Im Palast der Kunst, redest du über Geld. Gefällt mir!" Sagt Leo grinsend.

Alle lachen wieder zusammen.

„Aber sag mal, ob Architektur auch eines Tages die visuellen Effekte und die technischen Spezifikationen beiseitelegen kann und den Sinn des Entwurfs aufgibt? Alles aufzugeben, alles nur für die Idee auszudrucken." Fragt Leo.

„Die funktionale und technische Seite der Architektur kann nicht aufgegeben werden. Architektur ist gebaut, damit Menschen sie benutzen." Sagt Christina.

„Es ist genau wie bei der Malerei, solange es schön ist, ist es eine gute Malerei. Also gilt für Architektur: solange sie die Menschen als das Wichtigste ansieht und die verschiedenen Bedürfnisse der Menschen erfüllt, handelt es sich um gute Architektur."

„Ja. Das ist grundlegend. Jedoch ist gute Architektur mehr als das."

„Wie?"

„Architektur ist nicht nur ein Gebäude. Sie sollte historisch überliefert und ein Teil der Stadt und Kultur sein."

## 24

Nachdem Ralf und Leo Christina und Laura nach Hause gebracht haben, stehen sie im schwachen Licht der Straßenlaterne, blicken auf die dunklen und hellen Schatten der Bäume, beide fühlen sich ein wenig unzertrennbar. Sie haben eine wundervolle Zeit gehabt.

„Warum lädst du sie nicht ein, um mit ihr auszugehen? Du magst sie, nicht wahr?" fragt Leo Ralf.

„Ich habe zu viel zu tun."

„Ausrede, was denkst du wirklich?"

„Ich denke eine Menge."

„Oder liegt es an Christina und mir?"

Ralf schüttelt den Kopf: „Es wurde gesagt: ‚Wenn man jemanden mag, wird man ungezügelt sein; Wenn man in jemand verliebt ist, wird man seine Gefühle beherrschen.'[2] Ich bin nicht mehr jung. Bevor ich eine Beziehung beginne, muss ich sicherstellen, dass ich sie glücklich machen kann."

„Wenn nicht? Dann gibst du auf? Ohne es ein einziges Mal zu probieren? Das ist keine Liebe."

„Liebe ist für mich kein Besitz. Sondern zu sehen, dass sie glücklich ist, auch wenn es nicht meinetwegen ist. Sie ist so schön, guck mal mich an, im Vergleich zu ihr, bin ich wie Staub."

Leo lacht: „Ich habe immer gedacht, dass du vor nichts Angst hast."

---

[2] Han Han: „The Continent"

„Natürlich habe ich Angst. Wenn ich die unendlichen ärgerlichen kleinen Probleme des Lebens treffe; wenn ich die Verantwortung auf der Arbeit übernehmen muss, der ich ausweichen möchte; Wenn ich die Leute treffe, die ich nicht mag, aber muss so tun, als ob ich begeistert bin. Ich habe immer zu mir selbst gesagt: ‚So ist das Leben, hab keine Angst davor.'"

„Achso!"

„Ja, ich habe auch Angst, alleine zu sterben. Ich möchte auch die schöne Liebe genießen. Aber zuerst muss ich sicher sein, dass ich sie endlich treffe."

„Aber wenn es so weitergeht, wird alle Leidenschaft verschleißen."

Ralf lächelt hilflos: „Wie soll sie verschleißen? Sie bleibt im Herz und wird immer größer."

„Für alles was ich möchte, werde ich alles geben, um zu gewinnen, werde dafür kämpfen und es nicht verstecken, um mir selbst Schwierigkeiten zu bereiten."

Ralf nickt, klopft belohnend auf seine Schulter: „Du wirst in der Zukunft dankbar für die Anstrengungen sein, die du jetzt durchgemacht hast."[3]

„Du weißt immer mehr als ich."

„Ich lese sowas gerne in Büchern."

„Du bist so beschäftigt, aber nimmst dir immer Zeit zu lesen. Ich bewundere dich."

„Ich beneide dich, denn du hast schon fast ganze Welt bereist. Es ist besser, 10000 Meilen zu reisen, als 10000 Bücher zu lesen."

---

3 Kevin Tsai: „Goodwill message tot he brutal society"

„Ich habe gehört, dass es Lauras Traum ist, um die Welt zu reisen."

Ralf lächelt: „Das ist doch eine wichtige Information."

## 25

Christina und Leo öffnen vorsichtig die Hintertür eines Konferenzraumes im Rathaus. Das Meeting hat schon angefangen. Es geht um das Bieten von Schlüsselprojekten der Stadt: Sonne Center. Der Konferenzraum ist fast voll besetzt, fast alle großen Architekturbüros sind da. Sonne Center ist ein Hochhaus, in das die Regierung investiert hat und die Ausschreibung ist für die ganze Gesellschaft offen. Trotz der beträchtlichen Design Gebühren, nachdem das Gebäude aufgebaut sein wird, wird es das neue Wahrzeichen der Stadt sein.

Christina und Leo setzten sich auf zwei leere Plätze in der hinteren Reihe. Ralf sitzt fünf Reihen vor ihnen zusammen mit dem Chef des Modern Design International Herrn Sasse. Modern Design International ist das größte Architekturbüro in der Stadt. Die beiden waren Kommilitonen während des Studiums. Neben Herrn Sasse sitzt ein junger Mann, mit akkurater Frisur und sehr weißem Hemd. Irgendwie guckt Christina seinen Rücken zwei Mal mehr an als nötig.

Leo hört die Einführung von dem Moderator und sagt: „Wenn wir an diesem Projekt teilnehmen könnten, dann werden wir berühmt sein."

„Woher weißt du, dass dein Design ausgewählt wird?" Sagt Christina und guckt an die Tafel vorne.

„Da werde ich alles für geben."

Christina dreht sich um und sieht ihn an. Er benimmt sich wie ein Pilot im Himmel.

„Bist du bereit zu fliegen?" Fragt Christina.

„Ja, es ist ein langer Weg zu fliegen."

Die beiden können sich nicht helfen und lachen zusammen los.

Sie sind nicht laut, aber es zieht die Blicke vieler Leute auf sie.

Ralf dreht sich um, sieht sie an, nickt und lächelt. Die beiden lächeln und sie zwinkert ihm zu. Herr Sasse dreht sich auch um und grüßt sie. Der junge Mann neben ihnen folgt ihnen, wendet den Kopf. Sein Blick gleitet über ihre Köpfe, und sofort dreht er sich nach vorne um und setzt sich aufrecht. Es scheint, dass er die Beiden nicht gesehen hat. Aber Christina sieht sein Profil. Ihr Herz schlägt wie verrückt.

Sie steht auf und sagt zu Leo: „Ich gehe mal auf die Toilette." Sie geht zur Tür und gerade als sie davor steht, öffnet sich die Tür plötzlich und mit einem starken Stoß fällt sie auf den Boden. Sie liegt auf dem Boden und sieht Sterne vor ihren Augen, ihre Hände bedecken ihr Gesicht und eine Stimme schreit laut in ihrem Herzen: Alles ist aus! Alles ist aus! Alles ist aus!

Leo eilt zu ihr und hält sie in seinen Armen. Der rücksichtslose Mann, der die Tür geöffnet hat, entschuldigt sich ständig. Jetzt gucken alle in ihre Richtung. Christina kämpft, um aufzustehen. Leo hält sie, begleitet sie nach draußen, schließt die Tür und sieht sich ihre Verletzungen an. Christina weicht von ihm und geht ins Badezimmer.

Vor dem Spiegel streicht sie sich die Haare beiseite. Auf der Stirn sieht sie eine rote Beule, geschwollen aber nichts ist gebrochen. Die Verletzung ist leicht, aber ihr Herz fühlt sich an wie eingestürzte Bauklötze, die man nicht mehr zusammensetzen kann. Er ist zurück. In der Zukunft wenn sie ihn noch mal trifft, was soll sie dann sagen? Kann sie die Tränen zurückhalten? Schafft sie ein stolzes Lächeln? Er ist dünner geworden, Christina schüttelt den Kopf kräftig, sie will nicht mehr denken.

Christina kommt aus dem Badezimmer. Leo wartet auf sie an der Tür. Er geht zu ihr, hält sie und guckt ihre Verletzung vorsichtig an. Sie schüttelt den Kopf und lächelt ihn an.

Die Tür vom Konferenzraum öffnet sich, ein Mann kommt raus. Er hält sein Handy und telefoniert. Seine Augen treffen Christinas lächelnde Augen. Die Beiden sind gleichzeitig verdutzt. Christina sieht seinen fremden und gleichzeitig vertrauten Blick, senkt den Kopf.

Leo hält sie an den Schultern: „Lass uns gehen!"

Sie nickt, dreht sich um und geht mit ihm nach draußen.

Vor der Tür, kann sie nicht anders und blickt zurück. Er ist nicht mehr da. Leo zieht sie durch die Tür.

## 26

Ralf kündigt in der wöchentlichen Sitzung an, dass sie an der Ausschreibung Sonne Center teilnehmen werden. Um die Vorabinvestitionen zu reduzieren und die Wettbewerbsstärke zu erhöhen, werden sie mit dem Architekturbüro Moderne Design International zusammenarbeiten. Die Erstauswahl findet in den beiden Firmen statt, jede wählt ein Design aus, dann wird sich für das bessere Design entschieden. Anschließend wird die volle Konzentration beider Firmen auf das ausgewählte Design gelegt und am Ende wird das fertige Design zur Ausschreibung gesendet.

Die Nachricht begeistert fast alle, die in diesem Raum sitzen. Alle diskutieren aufgeregt miteinander. Christina sitzt da wie betäubt. Sie kann nicht anders, als ständig daran zu denken, dass er an diesem Tag neben Herrn Sasse gesessen hat, was für eine Beziehung hat er zu Modern Design International? Wird er auch an der Ausschreibung teilnehmen?

„Fliegen wir zusammen?" Leo reißt sie aus ihren Gedanken.

Christina nickt und lächelt ihm zu.

Christina blättert beim Essen in einem Designbuch. Laura sitzt ihr gegenüber, sieht sie an und zögert etwas zu sagen.

Christina hebt ihren Kopf nicht und sagt: „Sag mal, wie sieht's aus? Du kannst nicht mit mir am Wochenende shoppen gehen, oder? Shoppen liegt in unseren Genen, du bist wirklich nicht wie ein normales Mädchen."

„Du kannst Leo fragen."

„Ich möchte Unterwäsche kaufen."

„Wie ist eure Beziehung? Ist sie schon in diesem Ausmaß?"

Christina schließt das Buch und sieht Laura ernsthaft an: „Wir…"

Laura wartet.

„Wir…Ich sage dir nichts!" Christina lacht.

Laura klopft ihr auf die Schulter.

„Sag mal, warum hast du am Wochenende keine Zeit für mich?"

„Ich gehe zu einem Konzert."

„Mit wem?"

„Ralf."

„Dann verzeihe ich dir." Sagt Christina mit vollem Verständnis und lacht.

Lauras Gesicht ist rot geworden.

„Christina, ich möchte dir eine andere Sache sagen."

„Was? Wirst du mir sagen, dass ihr heiraten werdet? "

„Red keinen Unsinn! Hast du gehört?"

Sie redet weiter mit einem scherzhaften Unterton: „Ich habe nichts gehört. Ich warte jetzt, dass du es mir sagst."

„Kevin kommt zurück."

Christinas Lächeln gefriert in ihrem Gesicht, seit langer Zeit ist es das erst Mal, dass jemand diesen Namen erwähnt. Sie öffnet das Buch wieder, fängt an zu lesen, und antwortet in einem gleichgültigen Ton: „Ich habe ihn schon gesehen."

„Du hast ihn schon gesehen?"

Christina nickt: „Aber nicht gesprochen."

„Und was willst du tun?"

„Was tun?"

„Was ist mit Leo?"

„Leo ist gut. Das hat nichts mit Leo zu tun. Das ist mir jetzt klar. Zu Kevin: Wir waren 5 Jahren zusammen, niemand kann das vernichten. Alle Erinnerungen sind schön. Wenn möglich, können wir wie normale Kollegen sein."

„Oh, Es ist gut, dass du schon einen klaren Kopf hast. Ich habe gehört, dass Kevin von Modern Design International als Chefarchitekt angestellt wird. Er hat Talent und auch Berufserfahrung."

Christina nickt. Er fing schon während des Studiums an, bei einem Architekturbüro zu arbeiten.

Laura sieht sie an und zögert eine Sekunde: „Ich habe auch gehört, dass er eine neue Freundin hat. Sie ist die kleine Schwester von Herrn Sasse."

Christinas Herz sackt schnell nach unten wie ein Freefall-Objekt und findet keinen Halt. Sie hat immer gedacht und gehofft, dass sie getrennt sind und beide ihr eigenes Glück finden können. Aber jetzt scheint es, als ob er glücklich ist. Das macht sie krank.

Laura weiß, wie sie sich fühlt. Sie berührt ihre Haare: „Ich weiß nicht, ob ich was sagen sollte, aber erlaube mir, es zu sagen, sonst würde ich ersticken."

Christina guckt auf das Buch und sagt: „Du kannst es sagen."

„Du kannst nicht hin und her schwanken, so dass es anderen wehtun wird."

Christina hebt den Kopf an und lächelt ihr zu: „Ich weiß, keine Sorgen! Die Vergangenheit ist schon vorbei. Ich werde alles, was ich jetzt habe, zu schätzen wissen."

# 27

Christina Klopft an die Tür des Chefbüros.

„Bitte kommen Sie rein!"

Sie öffnet die Tür und geht rein: „Ralf, ich möchte in die Bibliothek gehen, um relevante Daten zu sammeln."

Ralf nickt: „Was wir hier haben ist echt nicht viel. Geh ruhig!"

„Danke!" Christina dreht sich um und möchte gehen.

„Achja, du kannst mal zu Modern Design International gehen. Sie haben eine Menge Bücher. Warte mal. Lass mich mal anrufen, dann kannst du jederzeit dorthin."

Christina erstarrt eine Sekunde und geht hinaus.

Christina und Leo kommen zurück und verteilen die Bücher, die sie von der Bibliothek ausgeliehen haben, an alle Kollegen.

Mia nimmt ein Buch und sagt: „Christina, jemand hat gerade für dich angerufen."

„Wer denn?"

„Er hat nur gesagt, er ist von Modern Design International. Er hat Bücher für uns mitgebracht."

Christina nickt: „Der Chef hat angerufen."

„Der Mann ist schon da, im Café auf der anderen Straßenseite. Ich gehe gleich nach unten."

„Warum kommt er nicht direkt hierher?" Christina guckt den bewölkten Himmel an: „Ich gehe."

Es wird bald regnen. Sie muss sich beeilen.

Christina wartet, bis das grüne Licht leuchtet und geht vorsichtig über die Straße.

Sie öffnet die Tür des Cafés, sucht den Mann, der auf sie wartet. Dieses Café ist nicht groß, aber das Ambiente ist sehr schön. Die Hintergrundmusik ist leicht und sanft, das lässt einen entspannen. Hier ist ein guter Ort für ein Date. Jetzt ist Arbeitszeit, deswegen sind nur drei Leute dort, davon sind zwei ein Paar. Noch ein Mann sitzt in der Ecke neben dem Fenster mit dem Rücken zur Tür. Christina geht zu ihm. Er hört ihre Schritte, steht auf und dreht sich um.

Christina steht vor ihm, ihr Herz schlägt schneller. Sie hatte so viele verschiedene Versionen im Kopf, wie es sein würde, ihn wiederzusehen. Sie hat so viele verschiedene Dialoge vorbereitet. Sie ist immer noch nicht bereit. Aber plötzlich, jetzt, so schnell, stehen sie Angesicht zu Angesicht. Sie steht da, sieht ihn an und ihr Kopf ist total leer. Er sieht sie an, sein Blick ist so gierig, als ob er sie nie verlassen hätte, sondern sie von ihm gegangen wäre, und er ist einen sehr langen Weg gegangen, um sie wiederzufinden.

„Hallo!"

Ihr Wort bricht das Schweigen zwischen den Beiden, so dass er in die Realität zurückgeholt wird. Sein Adamsapfel hüpft ein bisschen auf und ab, aber er sagt nichts, nickt nur.

Christina setzt sich ihm gegenüber. Der Kellner kommt.

„Ein Glas Cola mit Eis."

Sie möchte ihn aufhalten, aber sagt nichts. Es war ihr Lieblingsgetränk in der Vergangenheit. Er erinnert sich noch. Sie sieht aus dem Fenster und sieht, dass dieser Platz direkt gegenüber der Ampel ist, wo sie gerade über die Straße gegangen ist. Er hat jede ihrer Bewegungen gesehen. Sie kann nicht anders als ein wenig verärgert zu sein. Warum ist immer alles unter seiner Kontrolle, egal wann, egal wo.

Sie dreht sich um: „Wo sind die Bücher?"

Sein Gesicht ist so blass. Sie kann sich nicht mehr erinnern, ob er früher so war. Was in ihrem Gedächtnis blieb sind nur Fragmente, wie er so lieb und sanft zu ihr war. Sie hat nie darauf geachtet, wie sein Aussehen und seine Hautfarbe sind.

Er schiebt eine große Plastiktüte rüber: „Alle sind hier."

„Eigentlich brauchtest du nicht persönlich kommen."

Er lächelt bitter: „Ich wollte dich sehen. Nachdem ich dich gesehen habe, will ich leben, auch wenn es nur für eine kleine Weile ist."

## 28

Christina hat nicht gedacht, dass er so direkt ist. Ihr Herz ist vom Chaos irritiert. Sie runzelt die Stirn. Was denkt er? Er sei ihr Besitzer? Er geht weg, wann er will. Er möchte sie sehen, dann soll sie gehorsam kommen?

„Ich werde wohl nicht dort auf dich warten."

„Ich wusste nicht, dass du da bist, oder ich dich sehen kann. Ich bin da, denn dann habe ich wenigstens die Chance, dich zu sehen. Oder nur deine Stimme zu hören, dann bin ich schon zufrieden."

Sein Handy klingelt. Er nimmt sein Handy raus, schaut auf die Nummer, dann steht er auf und sagt zu ihr: „Sorry, ich muss rangehen." Sein Gesicht ist ein wenig rot geworden.

Sie nickt. Der Kellner bringt die Cola für sie. Christina schüttelt das Glas, damit das Eis den Glasrand berührt. Die Stimme klingt knarrend.

Sie möchte nicht lauschen, aber sie hat noch gehört, dass er während er nach draußen ging sagte: „Hallo, Martina... Ja, ich bin nicht im Büro..."

Martina ist Herr Sasse`s kleine Schwester. Christina hat einmal zufällig ihr Foto im Internet gesehen, jung und hübsch. Sie ist das Herzstück von dem jeder Mann träumt. Sie hört seine sanfte Stimme. Sie fasst sich wieder.

Er kommt zurück und lächelt sie entschuldigend an.

Sie trinkt die Cola aus, schiebt das Glas weg und steht auf: „Ich muss gehen. Danke für die Bücher."

Er streckt seine Hand aus und möchte ihre halten. Aber als er ihr widerspenstiges Gesicht sieht, nimmt er seine Hand zurück. Er erbittet flehentlich: „Bleib noch fünf Minuten?"

Sie schüttelt den Kopf: „Es regnet gleich."

Sie hat kaum ausgesprochen, da fällt schwerer Regen vom Himmel, schlägt verzweifelt gegen das Fenster. Christina wird von ihrer eigenen außergewöhnlichen Fähigkeit zur Vorhersage eingeschüchtert und friert.

Die Fußgänger beginnen zu fliehen.

Christina nimmt die Tüte mit den Büchern: „Tschüss!" Sie geht Richtung Tür, sieht den Regen draußen, atmet einmal tief durch und möchte losstürmen. Eine Hand zieht ihren Arm zurück. Sie dreht sich um und sieht, dass Kevin einen Regenschirm öffnet. Er hält ihn über ihren Kopf, dann zieht er sie mit nach draußen. Sie warten zusammen auf die grüne Ampel. Es ist niemand auf der Straße, als ob es auf der Welt nur die Beiden und ein paar Autos gäbe, die mehr gereizt sind als sonst. Beim Überqueren der Straße, achtet Christina nicht auf die Autos. Sie braucht ihm nur zu folgen. Auf etwas anderes braucht sie nicht aufzupassen. So, wie es früher war. Kevin hält den Schirm hauptsächlich über sie. Als sie die Tür von ihrem Bürogebäude erreichen, ist sein ganzer Arm nass. Sie steht da und möchte etwas zu sagen. Er winkt ihr mit der Hand, deutet ihr, schnell reinzugehen. Dann geht er ruhig wieder in den Regen.

Leo sieht, dass Christina zurück ist und geht zu ihr: „Ich ging auf die Toilette, und nachdem ich wiederkam, warst du schon weg. Hast du die Bücher schon bekommen? Wenn ich das gewusst hätte, wäre ich gegangen."

Er nimmt die Tüte: „Du bist nicht vom Regen gefangen worden, oder?"

Sie schüttelt den Kopf.

Leo macht einen Scherz: „Sie sind so freundlich. Es scheint, dass sie Angst haben und wollen, dass wir nachlässig sind, damit sie eine Chance haben."

Christina setzt sich vor ihren Computer, guckt dem Sturm draußen zu. Leo holt eine Tasse heißen Kaffee für sie.

Sie schaut auf die Tasse Kaffee. Nach der Trennung von Kevin, hat sie angefangen ihn zu trinken. Jetzt ist Leo die Person, die sie kennt. Aber was er weiß, ist nur ihre Gegenwart.

Sie lächelt ihn an: „Danke."

Obwohl sie keinen Durst hat, nimmt sie die Tasse und trinkt einen großen Schluck.

„Langsam! Heiß!"

Sie verzieht ihr Gesicht vor Schmerz und dann fließen die Tränen.

## 29

Ralf übergibt Leo die Zeichnung: „Ich habe einige Details geändert. Du kannst sie weiterentwickeln nach deiner Idee."

„Ok! Danke!" Leo nimmt die Zeichnung. Seine Augen sind rot. Sein Gesicht ist mit Bartstoppeln bedeckt.

„Wie lange bist du schon nicht nach Hause gegangen?"

„Drei Tage."

„Heute ist doch Wochenende. Mach mal pünktlich Feierabend und mach eine Pause, bevor du weitermachst."

Leo schüttelt den Kopf: „Am Montag werden die Zeichnungen bewertet. Ich habe noch eine Menge Dinge in meinem Kopf."

„Ich verstehe." Ralf macht eine Pause und erinnert er sich an alte Tage: „Aber jetzt hast du nur Sauerstoffmangel im Kopf. Solche guten Ideen in deinem Kopf kannst du auch nicht zustande bringen. Setzt dich mal hin. Ich erzähle dir eine Geschichte."

Leo geht zum Sofa, gegenüber dem Schreibtisch und setzt sich. Sobald Leo hinsetzt, hüllt die Ermüdung ihn ein. Er legt sich einfach hin.

„Es ist ein Junge. Er wollte ein Schwert-Meister werden. Er geht zu einem Meister und fragt: ‚Wie lange brauche ich, wenn ich fleißig übe, um ein Meister zu werden?' Der Meister sagt: ‚10 Jahre.' Er fragt wieder: ‚Wenn ich 24 Stunden Tag und Nacht ohne Essen und ohne Schlafen ständig übe, wie lange brauche ich dann?' Der Meister antwortet: ‚30 Jahre.' Er ist verwirrt und fragt: ‚Warum?' Der Meister sagt: ‚Weil du den Spaß vergisst, den es dir machen soll.'"

Leo ist auf dem Sofa eingeschlafen. Ralf öffnet den Schrank, holt eine Decke und deckt ihn zu. Dann holt er seine Brieftasche und geht nach draußen.

Er findet Christina: „Leo schläft in meinem Büro."

„Gehst du jetzt?"

„Ja, ich möchte zu einem Konzert."

„Ah, stimmt, Laura hat das erzählt."

Ralfs Gesicht ist rot geworden: „Du solltest auch nach Hause gehen und ein bisschen schlafen."

„Ich bin nicht müde. Gestern habe ich schon drei Stunden geschlafen. Das reicht."

„Wie schön, wenn man jung ist!"

„Ich wollte dich die ganze Zeit schon fragen, warum du nicht an diesem Wettbewerb teilnimmst?"

Er schüttelt den Kopf: „Für mich, ist es nicht mehr notwendig, ein guter Architekt zu sein. Ich bin nur ein Manager. Ich baue eine Bühne auf. Ihr jungen Leute spielt darauf. Ihr seid meine besten Schauspieler und Schauspielerinnen. Dafür verdiene ich genug Geld, um meinen Lebensstil zu finanzieren. Ok. Ich gehe. Bleib nicht so lange. Du hast noch Zeit."

## 30

Die Kollegen verlassen das Büro einer nach dem anderen. Mia packt ihre Sachen und sagt zu Christina und Leo, die noch beschäftigt sind: „Geht ihr noch nicht?"

„Es dauert noch ein bisschen." Sagt Christina.

„Dann gehen wir zuerst." Sagt Mia.

Christina nickt Mia und Ronald zu. Leo winkt ihr mit der Hand. Mia und Ronald gehen Hand in Hand. Während dieser Zeit hat Ronald von Leo gelernt, dass er sich um ein Mädchen kümmern muss. Es dauert nicht lange, Mias Herz zu erobern.

Christina zeichnet die letzte Linie fertig und speichert alles ab. Sie steht auf, reibt sich die müden Augen und schaut aus dem Fenster. Heute ist der Sonnenuntergang sehr schön. Die Wolken werden so schön mitgefärbt. Das goldene Licht bestreut den Raum durch das Fenster, sodass alles neben dem Fenster mit einer schönen goldenen Farbe beleuchtet wird.

Christina geht zu Leo. Sein Computer formatiert langsam die 3D-Zeichnung. Leo beugt sich über den Schreibtisch, zeichnet etwas mit einem Stift. Es sieht wie eine kleine Villa aus.

„Was machst du?"

Er erschreckt und legt sofort ein Blatt Papier darauf.

„Du hast mich erschreckt." Er dreht sich um und nimmt ihre Hand in seine Hand.

Christina streicht seine Haare: „Was macht unser Rendering?"

„Vielleicht noch zehn Minuten."

Leo nimmt ihre Hand und geht zum Fenster. Die gesamte vergoldete Stadt liegt ihnen zu Füßen, als ob sie in eine zukünftige Welt eintreten. Die warme Farbe verbreitet ein weiches Gefühl. Der Kummer ist weg, nur das Glück ist übrig.

„Danke!" Sagt Christina.

„Wofür?"

„Das Design."

„Wir sind die besten Partner. Du gibst der Schönheit eine Kurve. Ich habe sie nochmal gedreht, sodass sie noch charmanter ist. Das war deine Idee."

„Nein, jetzt ist es deine Idee. Du machst den Schwerpunkt stabil, so dass die Strukturen rationeller sind."

Er legt einen Finger an ihre Lippen, um sie zu stoppen.

Die Beiden tauchen ruhig in die Abendsonne ein und genießen alles vor ihren Augen.

„Wenn jetzt das Ende der Welt ist, bin ich schon zufrieden." Seufzt Leo.

Sie lächeln einander an.

Hinter ihnen, auf Leos Computerbildschirm kommt die 3D-Zeichnung nach und nach zum Vorschein. Es ist ein hyperbolisches Gebäude, sanft, schlank und zierlich, wie eine schöne Frau, die ein Abendkleid trägt, kommt es gemächlich zum Vorschein.

## 31

Kevin legt den Fotorahmen runter. Das Foto wurde gemacht, als Christina und er früher zusammen den Sonnenaufgang am Meer beobachteten. Jeder streckt eine Hand aus, um die langsam aufgehende Sonne fest zu halten. Das Licht ist schwach. Man kann die Gesichtszüge von den Beiden nicht deutlich erkennen. Aber man kann die Freude fühlen. Es war das erste Mal, dass die Beiden alleine verreisten. Sie waren so glücklich, nicht nur, weil sie einander liebten, sondern auch, weil sie die ganze Welt liebten.

Er nimmt das Handy raus und findet Christinas Handynummer. Er legt seinen Finger auf die Wahltaste, zögert und nimmt ihn wieder weg. In dem Moment klingelt das Handy. Es versetzt ihn in Entzücken. Aber als er die Nummer sieht, ist er enttäuscht. Er antwortet:

„Hallo, Martina!"

„Was machst du gerade?"

„Zeichnen." Er blickt den Computer auf dem Schreibtisch an, eigentlich zeichnet er.

„Heute ist Wochenende, lass uns was zusammen essen."

„Ich muss weiterzeichnen, noch sehr viel." Er steht auf, geht zum Fenster und guckt die untergehende Sonne an.

„Noch viel?"

„Ja."

„Macht nichts, man muss trotzdem essen. Wenn du nicht raus kommst, dann ich komme zu dir."

„Ok, ich komme, wo treffen wir uns?"

Christina und Leo sitzen im Restaurant. Sie nehmen einen Platz am Fenster. Christinas Platz der Tür gegenüber, Leo setzt sich ihr gegenüber.

Er schenkt ihr ein wenig Rotwein ein.

„So wenig?"

„Ich will dich nicht nochmal nach Hause tragen. Um ehrlich zu sein, bist du wirklich nicht leicht."

Sie ist rot geworden und glaubt seinen Worten mehr oder weniger. Sie tut so, als ob sie sich darüber ärgert. Sie wendet sich ab und schaut aus dem Fenster. Dann sieht sie ein Taxi vor der Tür des Restaurants halten. Kevin steigt aus, geht zur anderen Seite, um die Tür zu öffnen. Ein schönes Mädchen steigt aus. Sie nimmt seinen Arm. Die Beiden treten in das Restaurant ein.

Christina senkt sofort den Kopf und sucht überall etwas.

„Was suchst du?"

Sie nimmt ihre Serviette vor ihr Gesicht: „Nichts."

„Das Menü?"

„Nein." Sie schüttelt den Kopf kräftig und antwortet sehr leise.

„Kein Problem! Das ist doch mein eigenes Restaurant." Er winkt einem Kellner zu und schreit laut: „Menü!"

Er zieht die Aufmerksamkeit aller erfolgreich auf sich.

Martina und Kevin schauen in die Richtung und sehen Leo, der gerade glücklicherweise die Speisekarte vom Kellner entgegennimmt und Christina, die auf die Größe eines Babys schrumpft.

## 32

Ein leichtes Lächeln zeigt sich auf Kevins Gesicht. Er kommt schnell in ihre Richtung. Martina folgt ihm.

Leo streckt seine Hand aus, um Christinas Hand zu halten: „Geht's dir gut? Alles in Ordnung?"

Christina schüttelt den Kopf und hält seine Hand sehr fest. Sie sieht ihn an und ihre Augen sind voller Dankbarkeit: „Alles in Ordnung. Mach dir keine Sorgen."

Leo lächelt und seine Augen sind voller Liebe und Zuneigung.

„Christina! Was für ein Zufall!" Kevin steht vor ihrem Tisch. Aber als er die beiden zusammen gehaltenen Hände sieht, verschwindet das Lächeln. Er runzelt die Stirn ein wenig und seine voller Freude gefüllten Augen erfüllen sich mit Schmerz.

Christina nimmt ihre Hand zurück, legt die Serviette auf den Tisch und steht auf. Sie möchte ihn nicht weiter von unten anschauen: „Ja! Was für ein Zufall! Das ist Leo." Sie dreht sich zu Leo: „Leo, das ist Kevin."

Leo steht auf. Die zwei Männer schütteln sich die Hände. Kevin sieht ihn eindringlich an, hat dieser Mann wirklich seinen Platz in Christinas Herz ersetzt? Leo sieht seine feindseligen Augen und versteht sofort, wer er ist. Er guckt hart zurück und schüttelt seine Hand kräftig.

Währenddessen sieht Martina Christina prüfend und skrupellos an, als ob sie rausfinden möchte, wo der Charme dieses in ihren Augen sehr gewöhnlichen Mädchens liegt. Christina mustert sie auch. Sie ist schön und modisch, steht an seiner Seite. In ihrem Herzen kann sie nicht umhin zuzugeben, dass die Beiden ein schönes Paar sind. Obwohl sie sich noch ein wenig unangenehm fühlt, glaubt sie, dass sie sich nach einer gewissen Zeit daran gewöhnt haben wird. Die Uhr kann man nicht zurückdrehen, jeder sollte nach vorne schauen. Christina und Martina nicken einander zu.

Die Zeit des Händeschüttelns dauert ein bisschen lange, sodass die Atmosphäre zwischen den vier Leuten ein bisschen seltsam ist.

Martina bricht das Schweigen: „Guten Appetit! Wir stören nicht weiter."

Kevin sieht Christina an, öffnet den Mund, möchte etwas sagen, aber er guckt die beiden anderen an, sagt nichts und wird von Martina weggeschleppt.

Martina nimmt den Tisch, der von den Beiden am weitesten entfernt ist. Christina atmet tief aus. Leo ist still geworden. Eine leichte Peinlichkeit entsteht zwischen den Beiden.

## 33

Nach dem Essen gehen Christina und Leo zu Fuß zu ihr nach Hause. Das Restaurant ist nicht in der Nähe von ihrem Haus, aber sie haben sich daran gewöhnt, solange es nicht regnet, immer zu Fuß nach Hause zu gehen. Es ist eine Sommernacht, die Hitze ist fast zurückgegangen. Es ist ein großer Genuss mit einem guten Freund bei einem Spaziergang zu sprechen. Allerdings ist heute nicht alles wie immer, niemand spricht auf dem Weg bis zur Tür ihres Hauses. Sie hält an und dreht sich zu ihm: „Danke, ich gehe nach oben."

Er schüttelt den Kopf und dann umarmt er sie, als ob sie weglaufen wollte, dann hält er sie fest.

Sie möchte ihn wegschieben, weil sie fast nicht mehr atmen kann: „Was ist?"

Er lässt sie nicht los: „Verlass mich nicht."

Sie lässt sich von ihm halten: „Wer sagt, dass ich dich verlassen werde?"

„Er kommt zurück."

„Na und? Zwischen uns ist gar nichts. Er hat eine neue Freundin und ich...habe nur dich."

„Das bedeutet, dass du mich akzeptierst?"

Christina lächelt und nickt.

Leo neigt seinen Kopf auf der Suche nach ihren Lippen. Christina ist ein wenig zögerlich. Sie sind schon seit langem zusammen, haben höchstens Hände gehalten. Bis jetzt gab es immer noch keinen Kuss. Sie weiß, dass die Begegnung heute mit Kevin ihm ein Gefühl von Unsicherheit gegeben hat.

Christina seufzt innerlich, vielleicht ist das Schicksal.

Der Kuss ist sehr sanft, so weich wie die Federn des Engelsflügels. Er ist so leicht, so zufrieden. Er lässt sie los und lächelt: „Danke!"

Sie streichelt seine Haar: „Wofür? Dummi!"

Er lacht wie ein Kind, das eine Süßigkeit bekommen hat.

Sie lächelt auch: „Ich gehe gleich rein, geh schnell nach Hause."

Er nickt, küsst sie nochmal auf ihre Stirn, dann dreht er sich um und geht weg. Christina steht da und sieht, dass er weiter geht. Er dreht sich um und winkt ihr zu. Sie winkt zurück. Als er verschwunden ist, dreht sie sich um, holt die Schlüssel raus, um die Tür zu öffnen.

Plötzlich zieht eine Hand sie in den Schatten. Sie ist schockiert und denkt, dass sie einem Räuber begegnet. Sie wird an die Wand gedrückt. Als sie sein Gesicht sieht, ist sie noch mehr durcheinander.

Er sieht sie boshaft an: „So süß ist es zwischen euch. So schnell schon einen neuen gefunden."

„Warum bist du hier? Wo ist deine Freundin?"

„Ich habe sie schon nach Hause gebracht. Ich warte auf dich schon seit langer Zeit. Am Ende habe ich eine gute Show gesehen."

Sie errötet: „Woher weißt du, dass ich hier wohne?"

Er antwortet zähneknirschend: „Vielleicht hast du mich schon vergessen, aber ich weiß alles über dich!"

„Bitte sag das nicht so und bitte komm hier nicht mehr her!"

„Was meinst du?"

„Du weißt, was ich meine. Ich möchte nichts mehr mit dir zu tun haben."

Er blockiert ihr Reden mit seinen Lippen, küsst sie wütend und redet wie verrückt: „Nein! Ich akzeptiere das nicht. Ich möchte, dass wir wie früher sind."

Sie schiebt ihn weg mit voller Kraft. Er nimmt ihre Handgelenke noch fester.

„Du tust mir weh!"

Er hört sie nicht, küsst sie unaufhaltsam: „Du weißt überhaupt nicht wie schrecklich mein Leben ohne dich geworden ist. Ich kann nicht ohne dich leben."

Nachdem sie seine Worte gehört hat, steigt Zorn in ihrem Herz auf. Ihre Tränen fallen herab. Das bringt ihn durcheinander. Er lässt sie los. Sie schlägt ihm ins Gesicht:

„Du verlässt mich, weil du mich nicht brauchst; du kommst zurück zu mir, weil du ohne mich nicht weiterleben kannst. Hast du einmal aber über meine Gefühle nachgedacht? Ich bin auch ein Mensch, habe auch Gefühle!"

Dann schiebt sie ihn weg, öffnet die Tür, geht rein und lässt ihn alleine wie angewurzelt stehen.

Christina schließt die Tür. Niemand ist zu Hause. Sie macht das Licht nicht an. Sie lehnt sich an die Wand, rutscht langsam auf dem Boden, rollt sich wie eine Katze in der Ecke zusammen und fängt an zu weinen.

## 34

Es ist schon 12:30 Uhr. Laura ist noch nicht zurückgekommen. Langsam macht Christina sich Sorgen, weil sie sie mehrmals angerufen hat, aber nie durchgekommen ist. Sie schläft auf dem Sofa ohne sich umzuziehen. Sie schläft schließlich eine Weile, wacht eine Weile. Um sieben Uhr morgens klingelt das Telefon.

„Ich bin es. Habe ich dich geweckt?"

Christina hört ihren entspannten Ton, und ist ein wenig verärgert: „Mich geweckt? Ich kann einfach nicht schlafen. Warum rufst du nicht zurück? Weiß du, wie viel Sorgen ich mir um dich gemacht habe?"

„Es tut mir leid. Ich wollte anrufen, aber mein Handy ist kaputt." Sagt Laura entschuldigend.

„Du kannst dir auch ein Handy von jemand anderem leihen."

„Es ist so: letzte Nacht nach dem Konzert fuhr Ralf mich nach Hause. Auf der Straße trafen wir einen Betrunkenen, der krachte mit seinem Auto in unser Auto, und mein Handy ging kaputt…"

Christina schreit laut: „Bist du verletzt?"

„Nur Hautabschürfungen. Hat aber ziemlich geblutet. Ralf war sehr nervös. Bis wir in Krankenhaus angekommen sind, dachte er, ich läge im Sterben," Sie lacht: „Nachdem meine Wunden behandelt wurden, wurde sein Gesicht immer blasser und schließlich fiel er zu Boden. Nach der Untersuchung sagte der Arzt, dass er eine innere Milzblutung hat und sofort operiert werden muss. Die Operation dauerte die ganze Nacht und jetzt ist er auf der Station aufgenommen worden. Es sollte kein Problem sein."

Christina atmet aus: „Du solltest mich so schnell wie möglich anrufen."

„Am Anfang hatte ich keine Zeit, danach wollte ich dich nicht aufwecken."

„Sag mal, welches Krankenhaus ist es?"

Christina geht den langen Korridor im Krankenhaus entlang und guckt jede Zimmernummer an. Ein Blumenstrauß ist in ihrer Hand. Sie stoppt vor einem Zimmer, blickt auf und überprüft die Zimmernummer, dann guckt sie ins Zimmer durch ein kleines Fenster in der Tür.

Es gibt zwei Betten im Zimmer. Eins an der Wand ist leer. Das andere ist am Fenster, darauf liegt Ralf. Sein Gesicht ist blass, viel dünner als damals, als sie ihn zum erst Mal sah. Sein Kopf ist mit einem kleinen Stück Gaze abgedeckt. Sein Haar ist rasiert wegen der Wundbehandlung. Irgendwie sieht er viel jünger aus.

Laura sitzt an seinem Bett, eine Hand in Gips. Er streckt die Hand aus, um ihre Hand zu halten. Die Beiden lächeln einander zu.

Christina sieht diese liebevolle Szene und ist so bewegt. Laura findet endlich ihr eigenes Glück. Sie freut sich sehr für ihre beste Freundin. Dieser Unfall schweißt sie zusammen.

## 35

Ralf liegt im Krankenhaus. Das ist das erste Mal, dass er die Zeit hat, eine Pause zu machen. Laura geht jeden Tag ins Krankenhaus, um bei ihm zu sein. Die Beziehung zwischen den Beiden entwickelt sich schnell weiter. Sie beschließen zu heiraten, sobald er sich erholt hat.

Die Ausschreibung geht Schritt für Schritt weiter. Christina und Leo gewinnen den internen Entscheidungskampf. Der Entwurf von den Beiden, besser gesagt, der Entwurf von Leo entspricht immer mehr seinen Vorstellungen. Er zeigt ein Gespür für Form und Innovationsfähigkeit, mit dem er sie überrascht, im Laufe der Zeit wird er ein guter Architekt werden.

Der ausgewählte Entwurf des Modern Design International`s ist, wie Christina erwartet hat, von Kevin. Sein Design hat sie noch nicht gesehen. Aber sie weiß, dass es ausgezeichnet sein muss, wie er selbst, rational, detailliert, dynamisch.

Der Abgabetermin ist bald, alle sind beschäftigt und erwartungsvoll. Architektonisches Design hat wirklich kein Ende. Es gibt immer etwas zu verbessern. Der Architekt ist ein körperlicher Arbeiter. Man kann es nicht bis zum Ende durchhalten, wenn man nicht stark genug ist.

„Der Chefarchitekt ist krank, schon drei Tage war er nicht bei der Arbeit." Ronald teilt die Nachricht mit, nachdem er von der Moderne Design International zurück ist.

Christina und Leo tauschen einen komplizierten Blick aus, dann vertiefen sie sich wieder in ihre Arbeit. Jetzt im Büro benimmt Leo sich Christina gegenüber nicht so intim wie früher. Christinas' Bemühung gut zu ihm zu sein, sind manchmal zu viel, das lässt ihn fühlen, als ob sie schon die Vergangenheit mit Kevin total hinter sich gelassen hat, genau wie sie gesagt hat. Aber er hat sowieso keine Angst vor ihm. Er beschließt, dass er noch härter arbeiten und alles geben wird, für die Arbeit, für die Liebe.

Martina reicht Kevin ein paar Pillen und ein Glas Wasser. Er schluckt die Pillen runter. Martina hilft ihm, sich hinzulegen.

„Danke, Martina."
„Nein, wenn du dich bedanken möchtest, dann sag was Nettes zu mir."
„Du bist ein schönes, gutherziges Mädchen."
„Warum heiratest du mich dann nicht?"
„Du weißt, dass ich nicht kann."
„Ich weiß wirklich nicht, woran Christina gut ist."
„Ok, jetzt möchte ich ein bisschen dösen."
„Ok, ich gehe. Aber wenn du aufwachst, arbeite bitte nicht weiter."

Er nickt und schließt langsam die Augen.

Das Sonnenuntergangslicht strahlt durch die Gardine und wird auf ein Architekturmodell, das auf den Tisch neben dem Fenster steht, projiziert. Es ist ein Hochhaus. Das gesamte Gebäude ist kompakt mit quadratischer Basis, dann zieht es sich Schicht für Schicht zurück, wie ein Schwert aus der Erde heraus, gibt einem ein scharfes Gefühl und zeigt die harte Männlichkeit.

## 36

Christina und einige Kollegen transportieren die 3D-Modelle in den Konferenzraum und stellen sie Seite an Seite mit Kevins zusammen. Die Kollegen gehen raus. Christina verlässt den Raum nicht sofort. Sie steht da und schaut auf seinen Entwurf, als ob sie seinen Willen zu gewinnen sieht.

Beide Designs sind ausgezeichnet, aber Beide sind ganz unterschiedlich, eines ist stark und scharf, das andere ist mild und zierlich. Es ist schade, wenn eins davon geopfert wird.

„Christina!" Leo ruft sie vor der Tür.

„Ich komme."

Alle Mitarbeiter setzen sich um den Tisch. Christina und Leo sitzen nebeneinander und gucken sich das Menü zusammen an.

Die Tür öffnet sich. Ralf kommt rein, gefolgt von Kevin.

„Kevin, ihr alle kennt ihn schon. Ich traf ihn vor dem Konferenzraum, dann habe ich ihn einfach mitgebracht. Nach der morgigen Beurteilung müssen wir zusammen arbeiten."

Ralf sitzt auf dem Sitz, der für ihn reserviert ist. Kevin nimmt einen Stuhl, drängt sich hinein, setzt sich neben Christina und zwingt alle Leute daneben, wie Dominosteine, einer nach dem anderen weiter zu rutschen.

„Was möchten Sie trinken?" Der Kellner fragt und kommt zu Christina.

„Willst du Wein trinken?" Fragt Leo sie.

Christina schüttelt den Kopf. Leo guckt die Getränkekarte an: „Lass mich mal gucken..."

Christina hebt den Kopf an und trifft Kevins blitzende Augen zufällig. Sie hat Angst, dass er für sie sprechen wird, dann sagt sie schnell: „Eine Cola!"

„Mit Eis!" Ergänzt Kevin.

„Danke!" Sie lächelt dem Kellner verlegen zu, dann senkt sie den Kopf sofort. Kevins Veränderung ist zu groß. Er war früher welterfahren, vorsichtig, ruhig und zurückhaltend. Jetzt lässt sie sein Eigensinn wie auf heißen Kohlen sitzen.

Leo legt die Menükarte beiseite, streckt die Hand aus und hält ihre Hand sanft. Sie lächeln sich zu.

Diese intime Handlung scheint Kevin zu reizen: „Ich möchte ein Glas Whisky mit Eis."

„Ist das nicht zu stark?" Fragt Ralf.

„Ich war so lange beschäftigt. Ich habe es mir verdient." Lächelt er erklärend.

„Du hast doch Recht!" Nickt Ralf.

Kevin dreht den Kopf, sieht Leo an und sagt: „Auch ein Glas für dich?"

Christina hält seine Hand und schüttelt den Kopf.

Leo nickt ihr zu, lässt ihre Hand los und sagt zu dem Kellner: „Eine Flasche, bitte!"

Die Beiden starren sich an und lächeln.

Christina guckt die Beide an, nimmt ihre Tasche und verlässt wütend das Restaurant.

Der Rest der Leute, außer Ralf, weiß nicht was passiert ist, sie sehen sich einander ratlos an.

## 37

Christina steckt nur den Schlüssel in das Schlüsselloch, da wird die Tür automatisch geöffnet. Laura steht an der Tür und begrüßt sie mit einem lächelnden Gesicht.

„Wartest du auf mich?"

„Ich brauche deine Hilfe." Laura überreicht Christina eine Herren-Mode-Zeitschrift: „Ich möchte ihm was zum Anziehen kaufen. Gib mir ein paar gute Vorschläge."

Christina nimmt die Zeitschrift, setzt sich aufs Sofa und liest.

„Für Architekten ist es sehr einfach, Klamotten zu kaufen. Das Geheimnis ist nicht groß. Der Stil sollte einfach, schlicht und elegant sein. Die passende Farbe ist auch nicht schwer, der akzeptable Geltungsbereich umfasst: schwarz, weiß, grau."

Laura setzt sich neben sie: „was noch?"

„Da gibt es noch das neue schwarz, das neue weiß, das neue grau."

„So eintönig?"

„Das ist nicht eintönig, das sind dezente Töne. Hast du davon noch nicht gehört, das schöne Grau?"

Dann seufzt sie.

„Schlechte Laune? Was ist los? Weswegen?"

Christina runzelt die Stirn und spricht nicht.

„Wegen Leo oder Kevin?"

„Wegen den Beiden."

„Das Leben scheint wirklich wie mal jemand gesagt hat, oft unerklärlich schlimmer zu werden, oft auch irgendwie wieder besser."

„Was meinst du?"

„Ich habe gesagt, dass dein Wendpunkt kommt. Guck mal, jetzt hast du Glück in der Liebe."

Christina klopft auf ihre Schulter: „Rede keinen Unsinn. Siehst du, dass ich jetzt Glück habe?"

Laura beobachtet sie genau: „Sieht nicht wirklich so aus. Ah, ich verstehe, eine neue Liebe, eine alte Liebe... Wer die Wahl hat, hat die Qual."

„Ich habe keine Qual wegen irgendeiner Wahl. Ich habe schon Leo gewählt."

Sie seufzt, steht auf und geht zum Balkon.

Laura öffnet zwei Flaschen Bier, geht zu ihr und reicht ihr eine Flasche.

„Danke! Ich habe nicht gedacht, dass er zu mir zurückkommt. Es ändert sich viel."

Laura nickt: „Ich habe ihn einmal getroffen. Er fragte, ob ich ihm deine Handynummer geben kann." Sie sieht Christina entschuldigend an: „Er hat sich wirklich sehr verändert. Es scheint, dass er bereut."

Christina guckt sie an und trinkt einen Schluck.

„Also fragte ich ihn, warum? Er antwortete: Er verlässt dich, weil er dich in der Zukunft nicht verletzen möchte. Ich sagte: ‚Aber weißt du was, die Trennung hat schon die größte Verletzung verursacht. Egal was für einen Grund du hast, wenn du tatsächlich liebst, darfst du sie nicht einfach verlassen.'"

Christina dreht sich um und sieht das Lichtmeer.

„Meine Worte schienen ihn, wie eine Kugel an seiner Schwachstelle zu treffen und ließen ihn in Sekunden verwelken, die Vitalität des Lebens schien plötzlich aus ihm herausgezogen zu werden. Er stand da mit gesenkten Kopf, nach einer langen Zeit, hob er den Kopf und sah aus dem

Fenster. Sein Blick fiel auf die unbekannte Ferne, dann sagte er mit einer sehr ruhigen Stimme:‚ Kennst du das Gefühl, dem Tod ins Augen zu blicken? Kennst du den Schmerz, der auf deiner Brust drückt? Die Zerbrechlichkeit ist unfassbar, wie ein Mensch der zum Tode verurteilt ist, aber nicht weiß, wann der genaue Zeitpunkt ist. Jeder Tag des Lebens ist Glück."

„Was bedeuten seine Worte?"

„Er ging gleich weg, ich hatte keine Zeit zu fragen."

Christina runzelt die Stirn und trinkt einen großen Schluck Bier.

Laura guckt sie an, zögert und sagt: „Kevin war schon immer so, man kann ihn nicht durchschauen. Im Vergleich zu ihm, ist Leo wie ein Kind. Was ihn besonders macht, ist nicht seine Herkunft, nicht sein glänzendes Aussehen, sondern seine Haltung, mit der er sich der Welt stellt. Er könnte alles wegschmeißen, liebt dich wie ein transparentes Licht, und erwärmt jede, die neben ihm steht. Seine Lieblichkeit schlägt direkt ins Herz. So ein guter Junge ist nicht leicht zu finden."

Christina lächelt und nickt zustimmend.

„Du sollst eine Entscheidung treffen, je früher, desto besser. Du kannst nicht zwei gleichzeitig haben."

Christina guckt sie ernst an und setzt ein bitteres Lächeln auf: „Ich weiß nicht, vielleicht sollte ich mich dazu entscheiden, auf beide zu verzichten."

„Hör auf dein Herz. Wie Milan Kundera sagte: Lass die Stimme in deinem Herzen dich führen, warum sollten wir jede unserer Bewegungen wie ein Stück Pfannkuchen in der rationellen Pfanne hin und her werfen und immer und immer wieder braten?"

„Mein Herz? Es wäre schön, wenn ich es hören würde."

## 38

Die Nacht ist tief. Kevin und Leo humpeln hintereinander durch die leeren Straßen. Kevin trinkt sein Bier aus, guckt die leere Flasche an und wirft die Flasche sofort weg. Die Flasche landet auf dem Fußgängerweg und macht einen lauten Knall. Er blickt auf sein Meisterwerk zurück und lacht laut. Er dreht sich zufrieden um, stolpert und fällt auf dem Boden. Leo eilt zu ihm und möchte ihn aufzurichten. Kevin winkt mit der Hand ab, um ihn aufzuhalten. Er rappelt sich auf, setzt sich auf den Bordstein, vergräbt den Kopf in den Armen und fängt an zu weinen. Das mattgelbe Licht der Straßenlaterne strahlt von oben, schrumpft seinen Schatten zu einem winzigen Umriss und sieht so mitleidserregend aus.

Leo sieht ihn an, seufzt, setzt sich an seine Seite und trinkt einen Schluck Bier. Er weiß nicht, was mit ihm passiert ist. Aber irgendwie kann er seine tief sitzenden Schmerzen nachempfinden. Von diesem plötzlich schwach gewordenen gewaltigen Gegner sieht er sich selbst. Er lässt ihn sehen, dass er nicht alleine nach vorne läuft. Der Traum ist wie eine Utopie. Wie klein ist der Mensch und in dieser Welt erlebt jeder Unrecht. Egal ob er morgen gewinnt oder verliert, hat er schon alles gegeben, es reicht. Besiegt von einem würdigen Gegner, wie kann das als Verlieren zählen?

Kevin öffnet die Tür. Leo begleitet ihn rein und bringt ihn zu Bett. Er wälzt sich und fällt in einen tiefen Schlaf.

Leo stolpert ins Badezimmer und findet das Klo. Nachdem das überschüssige Wasser ausgeschieden wird, fühlt er, dass sein Kopf viel klarer geworden ist. Er geht zum Waschbecken, um die Hände zu waschen. Es stehen einige kleine Flaschen auf dem Schrank daneben. Er nimmt eine, darauf stehen viele medizinische Worte, er hat keine Geduld zu lesen. Er stellt sie wieder an ihren Platz zurück.

Er kommt in das Wohnzimmer, macht die Tischlampe an und sieht das Foto, das von Kevin und Christina während des Sonnenaufgangs aufgenommen wurde. In diesem Zimmer gibt es mehr als ein Foto von Christina. Auf manchen Fotos sieht Christina wie jemand aus, den er noch nie gesehen hat. Man kann sehen, dass sie zu dieser Zeit jünger war als jetzt; man kann sehen, dass sie zu dieser Zeit glücklicher war als jetzt; man kann sehen, dass sie und Kevin zu dieser Zeit sehr verliebt ineinander waren.

Er dreht sich um und sieht den im Bett eingeschlafenen Kevin. Dann geht er zu ihm und deckt ihn mit einer Decke zu. Er schaltet das Licht aus, öffnet die Tür, zieht den Schüssel aus dem Schlüsselloch, legt ihn auf den Schrank neben der Tür, schließt die Tür sanft und geht.

## 39

Der Konferenzraum ist voller Leuten. Sie setzen sich an den Konferenztisch. Kevin präsentiert sein Design. Jeder hört sorgfältig zu. Herr Sasse von Modern Design International hat ein Lächeln auf seinem Gesicht. Ralf zeigt auch wertschätzende Blicke in seinen Augen. Nur Leo blickt von Zeit zu Zeit auf seine Uhr. Christina kommt immer noch nicht. Sie geht auch nicht an ihr Handy. Sie sind gleich mit ihrer Präsentation dran.

Kevin bemerkt Christinas Abwesenheit auch. Er sieht Leos unruhiges Gesicht und weiß nicht warum, auch er ein beunruhigendes Gefühl in seinem Herzen fühlt und ein wenig Schwindel in seinem Kopf. Er nimmt einen Schluck Wasser und schließt seine Augen kurz. Er versucht, die Übelkeit zu unterdrücken, atmet tief und schafft es, zu Ende zu präsentieren.

Applaus ertönt im ganzen Raum. Kevin nickt allen zu, eilt zum Fenster und setzt sich auf einen freien Stuhl.

Jetzt ist Leo dran. Er sieht ein letztes Mal zur Tür des Konferenzraumes. Alle gucken ihn an. Er kann nur noch nach vorne gehen und beginnt mit seiner Präsentation.

Christina sitzt auf einer Bank im Park. Über ihrem Kopf fliegen die Flugzeuge, eins nach dem anderen. Die Passagiere ziehen davon, einer nach dem anderen. Die einzige Konstante bei ihr ist das Lachen spielender Kinder. Jeder Platz hätte ihr Spielplatz werden können. Die Sonne scheint auf sie, lässt sie die Vitalität des Lebens spüren. Die heutige Abwesenheit hat sie geplant. Heute soll Kevin und Leo gehören und alle Augen sollen auf sie gerichtet sein. Beide sind talentiert, Beide sind hervorragend.

Leo beendet seine Präsentation und gewinnt ebenfalls herzlichen Applaus. Leo sieht Kevin. Er klatscht in seine Hände und lächelt ihn an. Leo nickt ihm zu, um ihm zu danken.

Herr Sasse steht auf: „Gut! Nun, können Sie alle nach vorne kommen, um einen genaueren Blick auf die Zeichnungen und Modell zu werfen. Wenn Fragen auftreten, können Sie auch mit den Beiden Designern kommunizieren. Schließlich wird entschieden, welches Design gewinnt."

Alle sehen sich die beiden Designs an und tauschen Meinungen aus.

Ralf und Herr Sasse treten zur Seite und sprechen miteinander.

„Welches soll ausgewählt werden? Beide sind sehr gut!" Sagt Ralf.

Herr Sasse lächelt und nickt: „Aber wir müssen eins auswählen. Es gibt noch viele wunderbare Designer, die mit uns konkurrieren."

„Ja. Das ist ganz anders, als wir uns das damals gedacht haben. Wir haben gedacht, dass wir die Vorteile beider Designs zusammenfassen, dann vertiefen. Aber jetzt, sieht es so aus, als ob das unmöglich wäre. Hey, welches willst du wählen?"

Herr Sasse lacht: „Ist es nicht eine geheime Wahl?"
Ralf lacht auch.

Leo beantwortet anderer Leute Fragen mit vollem Selbstbewusstsein. Ein Lächeln ist immer auf seinem Gesicht und auf der anderen Seite scheint es, als ob Kevin ein wenig verlegen wäre. Er wischt seinen Schweiß ständig von der Stirn. Vielleicht weil zu viele Leute um ihn herum sind. Die Luft wird nicht zirkuliert. Er hat ein beklemmendes Gefühl in der Brust und ihm ist ein wenig schwindelig. Die Fragen der Anderen muss er immer ein zweites Mal hören, dann kann er erst reagieren.

Schließlich gehen alle, um zu wählen. Kevin setzt sich auf einen Stuhl, runzelt die Stirn und versucht, seinen Körper zu kontrollieren und die Unruhe seines Herzens zu unterdrücken. Leo sieht ihn an. Es scheint, als ob er diesen Wettbewerb sehr ernst nimmt. Sein Gesichtsausdruck ist so ernst, als hätte er Angst zu verlieren!

## 40

Christina öffnet die Tür des Konferenzraums und erschrickt, weil sie alle Blicke auf sich zieht. Sie hatte die Zeit nachgerechnet und gedacht, dass die Sitzung beendet sei. Aber es scheint, als ob die Sitzung noch nicht zu Ende sei und die Atmosphäre ist gedrückt. Was ist eigentlich passiert? Bevor sie die Situation versteht, hört sie, dass Ralf sie ruft: „Komm rein! Christina! Du kommst gerade recht."

Sie geht in den Konferenzraum und schließt sie Tür.

„Gerade haben wir die Diskussion und Abstimmung gemacht…"

Als sie die Worte hört, schlägt ihr Herz.

„Inklusive der beiden Designer, haben insgesamt 20 Leute ihre Stimme abgegeben. Das Ergebnis ist ein Unentschieden, jeder hat 10 Wahlstimme. Jetzt brauchen wir deine Stimme, welches Design wählst du?"

Im Konferenzraum ist es plötzlich sehr ruhig geworden. Alle Augen sind auf sie gerichtet. Ihr erster Gedanke ist: entfliehen, so schnell es geht, je weiter, desto besser. Aber ihre Füße scheinen wie angewurzelt, ihr Körper wird steif, ihre Augen blicken auf die beiden Modelle die vorne stehen, dann auf die zwei Menschen, die neben den Modellen stehen.

Sie trifft zuerst Leos warmen Blick. Er sieht sie ermutigend an, als ob er sagen wolle, dass sie ehrlich ihre Meinung sagen soll. Sie sieht Kevin an. Sein Gesicht ist so blass, seine Augen sind voller Schmerz.

Sie senkt den Kopf, schluckt schwer, ihr Hals ist so trocken. Sie steht da, hustet einmal. Alle warten auf sie. Sie spricht zögernd: „Ich…Ich…"

In diesem Moment scheint es, als sei die Zeit eingefroren. Die Luft wird dick. Es scheint, als ob viele Leute von dieser Atmosphäre beeinflusst werden. Sie lecken sich die Lippen und schlucken ebenfalls schwer.

Plötzlich macht jemand ein seltsames, heiseres Geräusch, dann blicken sich alle um. Es ist Kevin, seine Hand drückt auf seine Brust, ein Schwall Blut sprudelt aus seinem Mund, und spritzt auf sein Modell, dann fällt sein Körper darauf. Leo und einige Kollegen, die in der Nähe stehen, eilen zu ihm, um ihm zu halten.

Christina schreit: „Nein!"

Sie stürzt nach vorne, stürzt an seine Seite, schiebt alle Leute, die um ihn herum sind, beiseite, inklusive Leo.

Ralf wählt die Notrufnummer.

Christina ruft: „Kevin! Kevin! Was ist mit dir los!"

Kevin ist schon in Ohnmacht gefallen. Christina wischt sein Blut mit ihrem Ärmel auf. Aber das Blut fließt ständig weiter aus seinem Mund. Es ist unmöglich, es zu stoppen. Sie hält seinen Kopf verzweifelt und heult:

„Bitte nicht sterben! Bitte nicht sterben!"

Aber was sie tun kann, ist nur vergeblich mit der zitternden Hand das Blut aus seinem Mund zu wischen, zu wischen, zu wischen...

Leo sieht diese Szene und hat rote Augen. Er tritt vor, berührt ihre Schulter. Christina dreht ihren Kopf um, sieht ihn mit einem fremden Blick an. Ihr Blick ist so kalt, so scharf, als ob es seine Schuld sei, als ob er es war, der Kevin in diese furchtbare Situation gebracht hat. Er zieht langsam seine Hand weg und geht. Christina umarmt ihn fester, als ob sie ihm all ihre Energie geben möchte.

## 41

Das Abendsonnenlicht strahlt durch die Balkonfenster, wird auf Kevins Körper projiziert. Er liegt ruhig da mit geschlossenen Augen. Das einzige Zeichen, das zeigt, dass er noch am Leben ist, ist das Signal auf dem Herzschlag-Detektor.

Christina und Laura sitzen auf den Stühlen neben dem Bett.

„Ist er immer noch nicht aufgewacht?" Fragt Laura.

Christina nimmt seine Hand und legt sie an ihre Wange: „Der Arzt sagt, dass er jederzeit aufwachen könnte."

Laura seufzt. Der Arzt sagte, dass die Möglichkeit aufzuwachen sehr klein ist, es sei denn, ein Wunder würde geschehen. Und jetzt glaubt Christina an nichts außer an das Wunder.

Laura macht die Teller sauber, trocknet die Hände, geht ins Wohnzimmer, setzt sich auf das Sofa und guckt fernsehen zusammen mit Ralf. Ralf streckt seinen Arm aus und hält ihre Schulter: „Lass uns heiraten!"

Laura sieht ihn an.

Er sieht sie an: „Ich meine es ernst."

Sie küsst ihn auf die Wange: „Danke!"

„Was? Mit deiner Antwort bin ich nicht zufrieden."

Sie lacht: „Du weißt, dass ich auch heiraten will. Aber siehst du, in was für einer Situation Christina und Kevin sind. Wie kann ich das jetzt machen?"

„Ja, du hast Recht. Ist es möglich, dass Kevin aufwacht?"

„Er hat diese chronisch progressive Anämie, besser bezeichnet als Leukämie. Und die Krankheit ist schon sehr fortgeschnitten."

„Ich habe gehört, dass eine Knochenmarktransplantation die Leukämie heilen kann."

„Ja. Aber das menschliche Knochenmark ist viel komplizierter als die Blutgruppe. Es ist sehr schwierig, ein vollständig passendes Knochenmark in dem Meer von Menschen zu finden."

Ralf nickt: „Ich habe auch gehört, dass ein neues Medikament in den USA entwickelt wurde. Er hätte beantragen können, es zu probieren. Aber er hat aufgegeben und ist zurückgekommen."

„Wenn ich er wäre, hätte ich das auch so machen."

„Im Vergleich zu ihrer stürmischen Liebe, ist unsere Liebe ruhig und ich mag das."

Er hält sie fester und küsst sie auf ihr Haar.

Laura lächelt: „Ich auch. In der Tat, ist Glück die wichtigste Sache für die Liebe, das Glück sich zum Treffen, das Glück sich zu Verlieben und das unglaubliche Glück bis zum Ende aller Tage zusammenzubleiben. Ich habe Glück, dass ich dich getroffen habe."

„Das sollte ich sagen."

Die Zwei umarmen und küssen sich.

## 42

Wegen Leos Beharren wird Kevins Design benutzt. Die Kollegen der Firma bemühen sich, den Entwurf zu vertiefen. Nach dem Abstimmungstag sieht Christina Leo nicht wieder. Er kündigt und sie hat absichtlich nicht gefragt, wohin er geht.

Christina hat geduscht, sich umgezogen und geht schnell ins Krankenhaus zurück.

Ein Mädchen steht vor Kevins Bett. Sie hört die Schritte und dreht sich um. Es ist Martina.

„Hallo!"

Christina nickt ihr zu: "Hallo."

„Ich wollte ihn nur mal sehen. Aber jetzt muss ich gehen." Martina geht.

Als sie vor der Tür ist, hält Christina sie fest. „Moment mal."

Martina dreht sich um. „Hast du kurz Zeit? Können wir kurz reden?"

Sie nickt.

Sie gehen in den kleinen Garten des Krankenhauses und setzen sich auf eine Bank mit Blick auf den Rasen. Für eine lange Weile redet niemand.

Martina bricht schließlich das Schweigen: „Weißt du, wie wir uns kennengelernt haben?"

Christina sieht sie an und wartet darauf, dass sie weiterspricht.

„Damals ist er gerade zurückgekommen und arbeitete für meinen Bruder. Mein Bruder hat ihn wertgeschätzt und ihm viele wichtige Aufgaben gegeben. Und ich bin genau das Gegenteil von ihm, nutzlos."

„Bitte sag sowas nicht."

Martina lacht. „Wirklich! Früher lebte ich in Traum und Trunkenheit in den Tag hinein. Schlief am Tag, feierte in der Nacht. Ich nahm nichts ernst. Ich habe meine besten Jahre verschwendet. An diesem Tag ging ich mit einer Freundin in die Disco, traf ein paar Leute, die mich belästigten. Ich war betrunken, mein Kopf war nicht mehr klar und die Leute wollten mich mitnehmen. Meine Freundin rief meinen Bruder an. Kevin war zufällig bei ihm. Dann kam er mit meinem Bruder zusammen. Mein Bruder wollte mich nach Hause bringen. Die Leute ließen das nicht zu. Dann fing eine Schlägerei an. Kevin erledigte die Kerle in wenigen Sekunden. Ich lachte ständig wie ein Narr und stand nur daneben."

Christina lacht. „Ach, ich hatte fast vergessen, dass er einen schwarzen Gürtel in Taekwondo hat. Und dann?"

„Dann griff er mich, gab mir zwei Ohrfeigen und weckte mich auf. Seitdem war er mein Held. Für ihn bemühe ich mich, mich zu ändern, bemühe ich mich, eine bessere Person zu werden und bemühe ich mich, dass er sich in mich verliebt." Sie lächelt verlegen.

Christina lächelt sie aufmunternd an.

„Aber wen er möchte, ist nicht mich, sondern dich."

„Aber weißt du, dass er krank ist?"

Martina nickt: „Ja, von Anfang an wusste ich es, aber ich wusste nicht, dass es so schlimm ist. Ich habe gesehen, dass er ständig Medikamente nimmt. Jedes Mal, wenn er Fieber hatte, schlug ich vor, ins Krankenhaus zu gehen und jedes Mal lehnte er ab. Ich dachte, dass das auch gut sei und ich mich so wenigstens um ihn kümmern könnte."

Ihr Gesicht ist rot geworden. „Ich war so naiv, nicht wahr?"

Christina schüttelt den Kopf: „Nein, ich denke in seinem Herzen ist er dir gegenüber voller Dankbarkeit."

„Egal, wie er mich sieht, ich weiß nur, dass er mich nicht liebt. Aber ich fühle mich trotzdem glücklich mit ihm."

Christina streckt eine Hand aus und hält Martinas Hand.

Nach einigen Sekunden sieht Christina in die Ferne.

„Er ist so dumm. Er hätte nicht weggehen sollen, so viel Zeit ist verschwendet."

„Er sagte mir einmal: Er ist mit dir zusammen, um dich zu beschützen anstatt dich sein schwaches Aussehen sehen zu lassen."

## 43

Christina sitzt auf einem Stuhl, beugt sich auf Kevins Bett und schläft ein. Kevins Finger bewegen sich. Dann hebt er die Hand und streichelt langsam und zitternd ihr Haar.

Christina wacht auf, öffnet die Augen, blickt auf und sieht seine fröhlichen, lächelnden, sanften Augen.

Sie hält seine Hand und legt sie auf ihre Wange. Sie küsst die Hand, ihre Tränen fließen.

Er hilft ihr vorsichtig, ihre Tränen abzuwischen. „Dummes Mädchen, weine nicht!"

Sie wirft sich in seine Arme und klammert sich an ihn. „Verlass mich nicht!"

Er lächelt und streichelt ihr Haar. „Wie könnte ich dich verlassen!"

Christina lacht: „Dann erhol dich schnell! Wir haben noch so viele Dinge zu erledigen und auch noch deine Träume zu verwirklichen."

Er lacht auch. „Ja! Aber den kostbarsten habe ich schon erfüllt bekommen. Du bist mein Traum! Ich habe keine anderen Träume mehr."

Er schiebt sie sanft weg, steht auf und hält sie sanft in seinen Armen. „Aber jetzt muss ich was erledigen."

Er lässt sie los und geht langsam zur Tür.

Sie sieht seinen Rücken. „Kevin! Geh nicht!"

Er dreht sich um und zeigt mit einem Finger auf sein Herz. „Keine Angst! Du bist immer hier!"

Dann schenkt er ihr ein liebevolles Lächeln und geht aus der Tür.

„Kevin! Geh nicht!"

Christina wacht plötzlich auf. Es war ein Traum. Sie guckt schnell zu Kevin. Er liegt immer noch so ruhig da und hat das Lächeln aus ihrem Traum auf seinem Gesicht.

Sie guckt schnell zum Monitor und sieht eine gerade Linie. Sie drückt sofort die Notruftaste, weint und schreit: „Schwester! Schwester, kommen sie schnell!"

Ärzte und Krankenschwestern laufen herein...

## 44

Zwei Jahre später.

Christina trägt einen großen Karton und geht ins Restaurant. Sie sieht Laura sofort, die ihr zuwinkt.

Sie geht hin und stellt den Karton vor ihr auf den Tisch, dann wischt sie sich den Schweiß von der Stirn.

„Was ist das?" fragt Laura.

„Ein Satz Porzellan."

„Aus China mitgebracht?"

„Aus dem Laden nebenan."

„Ist das dein sorgfältig ausgewähltes Hochzeitsgeschenk für uns?"

„Ja, ich habe es besonders nach meinem Geschmack ausgewählt. Wenn du es nicht willst, würde ich es gerne für mich selbst nehmen."

„Natürlich will ich es! Damals, als du bei mir wohntest hast du einige meiner Teller zerbrochen."

Beide lachen. Laura steht auf und umarmt Christina. Christina umarmt auch Ralf.

„Schön, euch wiederzusehen."

„Ja, aber es ist schade, dass wir morgen auf Hochzeitsreise gehen."

„Ich bin gerade zurück und ihr geht schon wieder."

„Wie lange willst du dieses Mal bleiben?"

„Weiß ich noch nicht, mal sehen."

„Der Wein kommt." Sagt Ralf.

„Keine anderen Gäste? Alles nur, um sich von mir zu verabschieden?"

„Er kommt."

Eine Stimme ertönt neben ihr: „Meine Dame, ist dieser Wein ok?"

Ein Glas Wein wird ihr gereicht.

Christina hebt den Kopf. Es ist wirklich Leo. Er lächelt sie an und dieses Lächeln hat sich kein bisschen verändert. Es ist immer noch so sonnig, so warm.

Sie kann nicht anders, als zu lächeln.

Leo öffnet den Wein, dann setzt er sich neben sie.

Christina sieht mal Laura, mal Ralf an. Die beiden grinsen um die Wette.

„Habt ihr nicht etwas zu sagen?" fragt Laura scherzhaft.

„Wo warst du die letzten zwei Jahre?"

„Ich ging zurück zur Uni und habe mein Studium fertig gemacht. Ich habe gehört, dass du eine Weltreise gemacht hast?"

„Ja, die Orte, an denen du gewesen bist, kenne ich nun auch."

Ralf hebt das Glas: "Nun lasst uns endlich anstoßen."

„Alles Gute zu eurer Hochzeit!" sagen Christina und Leo gleichzeitig.

„Auf unser Wiedersehen." Sagt Ralf.

„Auf unsere Jugendzeit." Sagt Laura.

„Zum Wohl!" Sie stoßen an.

Sie trinken, unterhalten sich und lachen, als ob sie sich nie getrennt hätten.

Christina und Leo stehen auf dem Parkplatz des Restaurants und sehen Laura und Ralfs Auto wegfahren.

Morgen werden sie ihre Reise antreten.

Es wird wieder eine Weile dauern, bis sie sich wiedersehen.

Christina steht da und winkt, bis sie das Auto nicht mehr sieht. Das Auto ist weg, der ganze Parkplatz ist plötzlich ruhig geworden, leer.

Leo zögert und sagt: „Hast du noch ein bisschen Zeit?"
Christina sieht ihn an.
„Ich möchte dir was zeigen."
Sie nickt.

Leo fährt Auto, Christina sitzt neben ihm. Sie entfernen sich immer weiter von der Hektik der Stadt. Die Aussicht wird immer ländlicher. Der kühle Wind, der durch das offene Fenster reinkommt weht in ihr Gesicht und gibt ihr ein angenehmes Gefühl.

Langsam riecht die Luft nach Meersalz.

Sie dreht sich um und guckt ihn an. Er lächelt sie an und sagt nichts.

Eine CD wird gespielt. Der Song „Don´t Cry" ertönt.

Christina guckt aus dem Fenster und beobachtet die Landschaft, die schnell rückwärts an ihr vorbeizieht, als ob sie sich wieder an dem Nachmittag vor zwei Jahren befinden würde.

Das Auto hält vor einer weißen Villa an. Sie steigen aus.

Christina erstarrt. Es gibt nur ein Wort in ihrem Kopf: zu Hause!

Leo kommt zu ihr, hält ihre Hand und zieht sie nach vorne: „Lass uns nach Hause gehen."

Er öffnet die Tür. Alles sieht aus, wie sie es sich vorgestellt hat.

Sie geht zum Fenster und guckt das Meer an.
Er geht zu ihr und hält sie in seinen Armen.
„Ging es dir gut in diesem Jahr?" fragt sie.

Er schüttelt den Kopf: „Nein, denn egal, wo ich hinging, ich dachte jeden Tag an dich. Ich wollte dich so halten."

Er beugt sich vor und küsst sanft ihre Lippen: „Ich wollte dich so küssen."

Sie sieht ihn an und lächelt. Ihre Blicke verlieren sich ineinander.

Goldene Wolken färben den Himmel warm. Das Meer wellt sich sanft.

*2015-3-22 Ende Hannover*

*Ich danke meinen Freundinnen Cindy und Johanna,
ohne die dieses Buch nicht entstanden wäre.*

www.ingramcontent.com/pod-product-compliance
Lightning Source LLC
Chambersburg PA
CBHW072158160426
43197CB00012B/2440